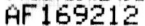

Karikaturen oben von Jorge Pavon

Anekdoten aus Paraguay

Kerstin Teicher (Hrg.)

Autoren:

Rafaela Aguilera, Steffen Karl, Beate Pesch, Derlis Portillo, Irene Reinhold, Sonia Riquelme, Georg Rudolf, Hermann Schmitz, Michael Schöke, Kerstin Teicher, Stefan Undorf und Benedikt Vallendar

Bibliografische Information der Deutschen Nationalbibliothek:

Die Deutsche Nationalbibliothek verzeichnet diese Publikation in der Deutschen Nationalbibliografie; detaillierte bibliografische Daten sind im Internet über http://dnb.dnb.de abrufbar.

© 2015 Kerstin Teicher (Herausgeber)

Umschlaggestaltung: BookDesigns, www.bookdesigns.de

Lektorat: Irene Reinhold

Foto auf der Titelseite: Magali Steinfatt/Steffen Karl

Die Rechte an den Fotos und Illustrationen liegen bei der Herausgeberin. Nachdruck, Vervielfältigung usw. nur zu privaten Zwecken unter vollständiger Angabe der Quelle erlaubt.

Herstellung und Verlag: BoD – Books on Demand, Norderstedt

ISBN: 978-3-7347-8540-5

Inhaltsverzeichnis

Vorwort 7

Als Tourist in Paraguay 11

Hochzeit auf Paraguayisch 16

Alles nur Theater 21

Warum man im paraguayischen Straßenverkehr
kein Mitleid haben sollte 24

Busfahren in Paraguay 29

Verkehrsregeln in Paraguay 33

Schalke 04 goes Paraguay 47

Aufmerksame Zollbeamte 64

Klebrig, süß und immer fröhlich 67

Im Supermarkt 70

Eisenwarenladen anno 2014 75

Lustige Berufe 78

Personaleinsatz in Paraguay 85

Warum deutsche Mehrfachsteckdosen in
Paraguay verboten sind 88

Wie man in Paraguay ein Bett kauft 92

Anleitung für den Geschäftserfolg in Paraguay 98

Von Indianern und Jesuiten 105

Währenddessen in Villarrica	112
Zusammenleben mit einem Paraguayer	116
Allgemeine Regeln für Paraguay	118
Als Paraguayer in Deutschland	124
Geliebte Vorurteile	138
Humor und Aphorismen	146
Paraguay mal im Ernst und im Zahlenvergleich	152
Wörterbuch Paraguayisch-Deutsch	154
Über die Autoren	163

Vorwort

Kerstin Teicher

Immer, wenn ich Freunden oder Familienangehörigen von meinen Begebenheiten in Paraguay berichtete, erntete ich Gelächter, teilweise aber auch ungläubiges Kopfschütteln. Von ihrem eigenen tagtäglichen Leben in Europa, den USA oder Asien waren diese Geschichten so weit entfernt wie für die meisten Menschen die Vorstellung, selbst zum Mond zu fliegen. Zu abstrus die meisten Begebenheiten, als dass man sie sich hätte ausdenken können.

Schon länger hatte ich mit meinen Freunden Magali und Steffen in Villarrica über die Veröffentlichung eines solchen Buches nachgedacht.

Ich fragte also ein wenig im Freundes- und Bekanntenkreis herum, in der Gewissheit, dass wohl jeder Ausländer in Paraguay solche Geschichten parat haben würde. Schnell fanden sich mehrere, die auch Zeit und Lust hatten, sich hinzusetzen und ihre Erfahrungen aufzuschreiben. Bei allen Mitautoren dieses Buches möchte ich mich ganz herzlich bedanken. Zu jedem einzelnen gibt es eine wunderbare Geschichte, warum er oder sie mit in diesem Buch ist, was aber leider den Rahmen dieses Vorwortes sprengen würde. Im Anhang hinten finden Sie jedoch eine kurze Beschreibung aller Autoren.

Nun ist es endlich soweit! Das Buch ist fertig – es gäbe noch zahlreiche weitere Geschichten. Wenn Sie als Leser dieses Buch mögen, dann schreiben Sie uns doch bitte (paraguaywirtschaft@hotmail.com)!

Alle Geschichten dieses Bandes beruhen auf wahren Begebenheiten und sind nicht erfunden, so haarsträubend sie teilweise sicherlich für Sie als Leser klingen! So sehr man teilweise darüber sicherlich lacht, oft gibt es einen ernsten Hintergrund, warum eine Situation so und nicht anders entsteht. Dies soll Sie als Leser aber nicht davon abhalten, die Geschichten hoffentlich lustig zu finden, sie sollen ja der Unterhaltung dienen! Dennoch ist es sicherlich nützlich, auch die dunkle Seite dieser Abenteuer zu verstehen. Daher haben wir in einigen Fällen zur Sicherheit der Privatsphäre die Namen der Beteiligten geändert.

Sie finden zu fast allen Geschichten ein oder mehrere Karikaturen, die die Geschichten hoffentlich unterhaltsam unterstreichen. Die meisten dieser Karikaturen sind ebenfalls echt – sie beruhen auf Originalfotos, hauptsächlich von den jeweiligen Autoren oder

der Herausgeberin – und wurden mittels einer sehr schönen Software (www.photo-kako.com) in eine Karikatur umgewandelt. Mein Dank gilt daher – nicht zuletzt aus Kostengründen, denn auch dieses Buch musste irgendwie finanziert werden – Hirohisa Fujita, dem japanischen Entwickler dieser Software, der dieses Programm für alle Menschen auf der Welt kostenlos ins Netz gestellt hat.

Daneben bin ich ganz besonders froh, dass ich bei einem meiner Ausflüge mit Freunden in Asunción auf der neuen Uferstraße, der *Costanera*, Jorge Pavon, genannt Jorgus, kennengelernt habe. Er arbeitet nicht nur als Zeichenlehrer, sondern sitzt auch jedes Wochenende auf der *Costanera* und stellt für Passanten zu einem sehr akzeptablen Preis Karikaturen und Portraits her. Spontan kam mir die Idee, ihn für mein Buch zu gewinnen. Wie schön wäre es doch, nicht nur Anekdoten aus Paraguay zusammenzustellen, sondern auch Zeichnungen eines echten paraguayischen Künstlers mit abdrucken zu können! Und für ihn wäre es eine wunderbare Gelegenheit, seine Arbeit einem breiteren – internationalen – Publikum vorstellen zu können. Ich erzählte Jorgus also von meiner Idee, und schnell wurden wir uns einig. Ich hoffe, dass seine Bilder Ihnen genauso gut gefallen wie uns! Falls Sie Interesse haben, ihn zu beauftragen, stelle ich gern den Kontakt her – er freut sich sicher sehr! Die in der rechten unteren Ecke mit „Jorgus" gekennzeichneten Illustrationen dieses Buches sind von ihm. Auf Seite 1 sind übrigens einige Karikaturen und Illustrationen, die es zwar nicht in die Geschichten geschafft haben, aber dennoch sehenswert sind.

Wenn Sie mögen, schlagen Sie doch während des Lesens ab und an in dem ebenfalls humorvollen, aber immer mit einem wahren Kern versehenen, Wörterbuch am Ende des Buches nach!

Abschließend möchten Sie vielleicht noch wissen, was es mit den Untertiteln des Buches auf sich hat? Sie finden sich als eigene Anekdote in diesem Buch wieder; lediglich der Mann mit der Leiter hat keine Geschichte bekommen. Warum? Es ist ein zufällig entstandenes, grandioses Foto meiner Freunde Magali und Steffen, als diese wieder einmal unterwegs im Land waren und die Kamera schussbereit hatten. Dieses Motiv war für mich, seitdem ich es zum ersten Mal sah, immer DAS Motiv für das Anekdotenbuch. Somit steht der Mann mit der Leiter auf dem Motorrad für mich stellvertretend für ein lustiges, teilweise absurdes, sehr oft aber auch charmantes Paraguay.

Im Namen aller Autoren wünsche ich Ihnen nun viel Spaß beim Lesen!

Als Tourist in Paraguay

Georg Rudolf

Unser paraguayischer Guide ist mit uns, seinen (deutschen) Touristen über Land auf Tour in den Süden Paraguays. Die Fahrt zieht sich hin und das Ziel ist noch fern.

Die Straße ist gut, aber wegen der vielen unübersichtlichen Bereiche, Straßenkreuzungen und Ortschaften wird die Geschwindigkeit der Fahrzeuge an diesen Stellen zwangsweise durch relativ hohe Bodenwellen in den Fahrbahnen reguliert. Fehlen diese Hindernisse, gibt unser Guide "Gas", auch dann, wenn ein Überholverbot besteht oder es der (Gegen-)Verkehr eigentlich nicht zulässt. Wir halten uns zusätzlich an den Armstützen fest, denn die Geschwindigkeit beträgt weit über 100 km/h. Jetzt werden auch noch die doppelt durchgezogenen weißen Linien beim ristkanten Überholen überfahren. Bevor wir unserem Fahrer bitten können, verhaltener zu fahren, wird dieser plötzlich von einem Polizeiposten gestoppt und aufgefordert, das Fahrzeug auf dem rechten Straßenrand abzustellen.

Unser Fahrer war nicht nur in eine nicht stationäre polizeiliche Geschwindigkeitskontrolle geraten, sondern man hatte ihn auch durch ein Fernglas beobachtet, wie er die Doppellinien beim Überholen überfahren hatte. Auf Verlangen zeigt unser Fahrer die von einem Polizisten geforderten Papiere. Sie waren komplett und auch die Beförderungsliste der zahlenden Personen (Touristen), also uns, war ausgefüllt und korrekt. Nachdem alles protokolliert war, konnte unser Fahrer die Reise fortsetzen. Er fuhr jedoch jetzt sichtlich langsamer und vorschriftsmäßiger. Allerdings hupte er fortan jedes Mal, wenn er einen Polizisten oder einen Polizeiposten sah und winkte freundlich. Auf unsere Frage, was das zu bedeuten hätte, erklärte unser Guide, dass er innerhalb von fünf Tagen umgerechnet ca. 80 Euro zu bezahlen hätte und darüber sehr verärgert sei. Schließlich helfe er in seinem Heimatort regelmäßig der Polizei beim Übersetzen von Schriftstücken ins Deutsche bzw. umgekehrt und die Polizei solle froh sein, dass sie ihn hätte....

Es dauerte keine halbe Stunde, da reagierte tatsächlich ein Polizeiposten auf das Hupen unseres Fahrers, denn er kannte unseren Guide offenbar persönlich. Dieser hielt an, der Polizist kam zu Wagen und unser Fahrer erklärte ihm sein Problem. Der Polizist notiert sich den von seinem Kollegen ausgestellten Beleg und versprach, den Vorgang aus dem System zu nehmen, wodurch die Angelegenheit bereinigt sei.

Unser Fahrer fuhr von nun an tatsächlich etwas gesitteter. Auch wir waren durch die langsamere Fahrweise weniger genervt, hatten aber doch ein sehr beklemmendes Gefühl, hinsichtlich der eigenwilligen Art, wie ein derartiges Problem gelöst wurde. Dabei empfand unser Fahrer dies als ganz selbstverständlich und wähnte sich dazu noch im Recht. Bei anderer Gelegenheit zählte er sehr drakonische Maßnahmen auf, wie unrechtmäßige Dinge, seiner Meinung nach, gehandhabt werden müssten.

Ein paar Stunden später besichtigten wir eine paraguayische Firma. Ich spreche mit einer jungen deutschstämmigen paraguayischen Büroangestellten über Politik und mögliche Veränderungen in der Gesellschaft.

Sie gehe nicht wählen, sagt sie, und hat auch wenig Hoffnung, dass sich in naher Zukunft im Land etwas Grundlegendes, d.h. Positives verändert, und berichtet von einer Begebenheit in der Schule:

In der Klasse wurde eine Klassenarbeit geschrieben und ein Schüler hatte Schwierigkeiten, die Aufgaben zu lösen. In seiner Not wandte er sich an die Lehrerin, um vielleicht von ihr einen Tipp zu bekommen, wie er doch noch die Aufgabe(n) richtig zu Papier bringen könnte. Die Lehrerin reagiert prompt und sagt dem Schüler, dass sie eine bestimmte Sache aus der Kantine wünsche und wenn er ihr dies mitbrächte, würde sie ihm die Lösungen der Aufgaben verraten.

Als der Schüler das Geforderte brachte, erhielt er auch tatsächlich die Lösungen von der Lehrerin!

Viele Ausflüge machte ich jedoch auch mit meiner Reisebegleiterin Stefani, selbst organisiert von unserem Standort aus, dem schönen Hotel „Portal del Sol" in Asunción. Und das funktionierte so: Noch vor dem Frühstück erzählte Stefanie Daniela, der deutschsprechenden netten Dame an der Rezeption, wo wir heute hingehen wollten und bat sie um Information, mit welchem Bus man dort hinfahren konnte. Nach den ersten verwunderten Blicken, warum denn reiche deutsche Touristen unbedingt *Colectivo* (Bus) fahren wollen und unserer heilen Wiederkehr abends funktionierte das wunderbar. Die Auskunft war stets richtig und trotz fehlender Spanischkenntnisse gelangten wir immer ohne Probleme ans Ziel und abends wieder zurück ins Hotel. Erst nach einer Weile aber begriffen wir, wie Daniela die Informationen besorgte: Sie recherchierte nicht etwa wie von uns vermutet im Internet – nein, weit gefehlt! Solche Informationen stehen nicht im Internet in Paraguay. Daniela nutzte unsere Frühstückszeit, um sich bei ihren Kollegen und Kolleginnen umzuhören, wer denn ungefähr in der Nähe unseres jeweiligen Tagesziels wohnte und fragte diese dann, mit welchem Bus sie zur Arbeit kämen!

Hochzeit auf Paraguayisch

Rafaela Aguilera

Ich war schon auf mehreren Hochzeiten in Paraguay, und immer wieder gibt es sich wiederholende Muster:

Regel Nummer eins: Ballkleidung ist das einzig zulässige für eine Frau, wenn sie sich nicht total blamieren möchte. Arnaldo war schon ganz unruhig geworden, da seine Mutter und seine Schwester doch schon die ganze Woche gefragt hatten, ob ich denn die passende Kleidung besitzen würde…

Da ich leider nicht über einen vor lauter Abendmode überquellenden Kleiderschrank verfüge, habe ich meist genau dasselbe Outfit an.

Regel Nummer zwei bei einer paraguayischen Hochzeit ist, dass auf keinen Fall weniger als 300 Personen anwesend sein dürfen. Selbst wenn die Familie nicht unbedingt in die Kategorie "reich" fällt, muss Essen und Trinken für Hinz und Kunz aufgefahren werden, und zwar in großen Mengen, in festlicher Umgebung, mit allem Drum und Dran.

Der Sohn meiner paraguayischen Lieblingsfamilie wurde von seiner Mutter in die liebevollen Hände seiner neuen Frau gegeben. Wie sie mir erklärte "ungern", da es sich schließlich um ihren Lieblingssohn handelte, den sie gerne noch etwas länger bei sich daheim gehabt hätte. So sind die Latinomuttis!

Trotz dieser Worte schien sie doch recht glücklich, als ihr Sohn mit der wunderschönen Braut den Gang entlang marschierte. Die Kirche war proppenvoll mit vielen jungen Menschen in Ballkleidern in den schrillsten Farben. Nur die sorgsam erwählten 300 Personen durften anschließend noch mit zum feierlichen Abendessen, bei dem auch der Standesamttermin vollzogen wurde. Völlig verschwitzt kämpften auch Arnaldo und ich uns zum zweiten Teil des Ereignisses durch, um dort enttäuscht festzustellen, dass wir auch den Rest des Abends ohne Klimaanlage durchstehen mussten. Die Abendluft verschaffte leider auch keinerlei Erleichterung und die Temperaturen wirkten sich recht negativ auf die Mayonnaise auf dem Kartoffelsalat aus. Der Akt vor dem Standesbeamten war eine totale Tortur, weil dieser in dem stickigen Ballsaal durchgeführt wurde. Schnell flüchteten die Gäste wieder zu ihren Tischen draußen im Garten, um das festliche Abendessen zu sich zu nehmen, das in der Zwischenzeit in der lauen Abendluft vor sich hin gärte. Nachdem ich den kompletten Kartoffelsalat auf meinem Teller gegessen hatte, machte mich mein geliebter Freund Arnaldo darauf aufmerksam, dass es keine gute Idee gewesen sei, bei den Temperaturen Mayonnaise zu essen. Prompt stellte sich am nächsten Tag der Durchfall meines Lebens ein. Ich glaube, ich habe an die fünf Kilo in einer Woche verloren, bis ich endlich den Kartoffelsalat der Hochzeit verdaut hatte.

Mein akuter Gewichtsverlust erfreute mich jedoch sehr, als ich mich zur nächsten Hochzeit, genau eine Woche später, nicht mehr in mein Kleid quetschen musste, sondern dieses durch die Blitz-Durchfall-Diät nahezu etwas weit geworden war.

Die Hochzeit eines der Familienteile von Arnaldos High-Society-Seite der Familie war dann im Vergleich zur ersten Hochzeit ganz anders. Frierend saß ich in der auf Kühlschranktemperaturen heruntergekühlten Kirche und musterte die anderen anwesenden Ballkleider. Sofort wurde mir bewusst, dass mein schönes rotes Ballkleid mit den kleinen Strasssteinchen, das ich schon seit meinem Abiball besitze, auf dieser Festlichkeit wirklich nichts Besonderes ist. Jeder Einzelne in Arnaldos Familie hatte sich anlässlich des Events ein neues Ballkleid gekauft, das anschließend für den Rest des Lebens im Kleiderschrank verschwinden würde. Ich hingegen schaffte es gerade noch, mir auf den letzten Drücker ein passendes Handtäschchen zu organisieren und das Abendkleid mit ein paar Ohrringen aufzupeppen.

Die aufwendigsten Ballkleider dekorierten sich überall stillvoll auf den Bänken der Kirche. Den meisten Frauen sieht man auch definitiv an, dass sie an die vier Stunden im Bad verbracht haben dürften. Auffallend hinsichtlich der Menge an Gästen später beim Essen war jedoch, dass es wahrscheinlich nur ein Viertel zur Vermählung in der Kirche geschafft hatte.

Regel Nummer drei: Der Großteil der Gäste trudelt erst zur eigentlichen Feier ein. Man könnte die Formel aufstellen, desto später der Abend, umso auffallender die Gäste. Zu sehr später Stunde hatten mehr als 600 Leute an den aufwendig dekorierten Tischen Platz genommen, um das Vier-Gänge-Menü zu genießen, das wirklich ein Gaumenschmaus war, ganz ohne unerwünschte Nachwirkungen. Besonders beeindruckend ist zumeist das gigantische Nachtischbuffet, das auf dem folgenden Bild zu sehen ist.

Regel Nummer vier: Gleich nach dem Abendessen werden die typischen lateinamerikanischen Rhythmen aufgelegt und sehr wild getanzt. Sowohl jung als auch alt befanden sich auf der Tanzfläche, während an den Tischen gähnende Leere herrschte. Um 5 Uhr morgens waren meine Füße dann so taub, dass ich es für angebracht hielt, den Heimweg anzutreten. Bis spät in die Nacht tanzte Jung und Alt unter den riesigen Bäumen der gigantischen Gartenanlagen, bis die Füße in den hochhackigen Ballschuhen schmerzten.

Alles nur Theater

Stefan Undorf

Als ich die ersten Spanischhürden erfolgreich überwunden hatte, lud mich meine Sprachlehrerin ins Stadttheater von Asunción ein. Sie hatte zwei Freikarten geschenkt bekommen. An den Titel der Aufführung erinnere ich mich nicht mehr.

Kurz zuvor hatte ich es gewagt, ein Auto zu kaufen und damit am Asuncióner Verkehr teilzunehmen. Ich holte die Lehrerin ab und wir fuhren zum Theater. Unterwegs erzählte sie mir, dass morgens in der Zeitung gestanden habe, die Aufführung sei komplett kostenlos, wir bräuchten also gar keine Karten und sie hätte sie dann auch gleich zu Hause gelassen.

Aha. "Wieso gibt es dann Freikarten?", war die Frage, die mich im folgenden beschäftigte. Wir fanden einen Parkplatz und betraten das imposante Gebäude "Ignacio A. Pane" im Herzen des Mikrozentrums von Asunción. Wir wurden gefragt, ob wir Karten hätten. "Ja, aber nicht dabei", sagten wir. Wir wurden dann freundlich in die Schlange gebeten, während Karteninhaber sofort in den Aufführungsraum geladen wurden.

Karikatur von Jorge Pavon

Ab und an durften ein paar aus der Schlange dann auch in den begehrten Saal. Nach einer gefühlten Stunde waren nur noch zwei Personen vor uns, doch dann hieß es: "Alles voll, kommen sie doch beim nächsten Mal wieder." Einige Wartende regten sich lautstark auf, da ihr langes Ausharren nicht belohnt wurde. Ich senkte den Kopf und lief Richtung Auto los, meine Lehrerin trappte hinterher. Wir fuhren wieder zurück. Auf dem Weg kochte ich stumm vor mich hin. Ich hielt vor dem Haus, von dem aus der Ausflug begonnen hatte und hatte meinem Schweigen nichts mehr hinzuzufügen. Beim Aussteigen sagte die Lehrerin zu mir: „Ich versteh Dich nicht. Warum regst Du Dich über etwas auf, das Du nicht ändern kannst?"

Dieser Satz traf mich und unterstreicht einen wichtigen Unterschied zwischen den Kulturen, den ein Bekannter einmal so zusammenfasste: „Wir Deutschen haben die Tendenz, uns zu ärgern, wenn wir in einer Situation nichts tun können, bei vielen Paraguayern ist dies genau anders herum." Paraguayer ärgern sich tendenziell nämlich eher, wenn man an einer Situation etwas ändern kann, da dies mit Aufwand verbunden ist. Eine Entschuldigung um etwas nicht zu tun kommt eigentlich immer sehr gelegen.

Diese praktische Weltanschauung der Paraguayer setzt sich in vielen anderen Bereichen fort. So wurde eine deutsche Bekannte einmal ob ihrer vielen Befürchtungen, was alles schief gehen könnte, wenn dies oder jenes in der Zukunft passieren und wie man diesem planerisch vorbeugen könne, von ihrem Gärtner gefragt, ob sie denn jemals das Hier und Jetzt genieße…

Warum man im paraguayischen Straßenverkehr kein Mitleid haben sollte

Rafaela Aguilera

Nahezu keinen Regeln folgend schlängelt sich der Verkehr wirr und für manchen undurchschaubar durch Asuncións Straßen. Es scheint das Gesetz des Stärkeren vorzuherrschen. Der Rangordnung nach kommt der große 4X4 Jeep an erster Stelle, das normale Auto kämpft in der Mitte, während das Motorrad von keinem beachtet wird und Gefahr läuft als erstes unter die Räder zu kommen. Ganz anders sieht die Situation jedoch aus, wenn das Motorrad wirklich mal unter die Räder eines Fahrzeuges kommt. Der kleine Mann kann durch Mitleid an dieser Stelle noch einiges an Geld rausholen, vor allem wenn er auf einen gutmütigen Menschen trifft, der die Gerissenheit nicht gleich durchschaut.

Sehr schuldig fühlt man sich zuerst, wenn ein armer zahnloser Mensch auf seinem mehr einem Fahrrad als einem Motorrad gleichenden Fahrzeug ungewollt auf das eigene Auto stößt. Selbst dann, wenn der leichte Aufprall nur einen kleinen Kratzer auf dem Auto und ein etwas verschobenes Vorderrad beim Motorrad hinterlässt, ohne den Fahrer in Mitleidenschaft zu ziehen. Man verspricht dem Fahrer sofort, für den Schaden aufzukommen, und möchte ihm am liebsten gleich etwas Geld in die Hand drücken, damit er sich wieder besser fühlt. Man wundert sich auch zuerst nicht, dass dem armen Kerl völlig zu Unrecht das Bein weh tut und er zudem über leichtes Schwindelgefühl klagt. Noch schlechter fühlt man sich dadurch und ist gewillt, auf jedes Angebot einzugehen, dass der Mensch einem unterbreitet. Gerade noch rechtzeitig kam bei mir der Anruf meines Freundes, der mir erklärte, dass, wenn ich ihm jetzt Geld gäbe, er morgen wieder vor meiner Tür stehen und das Ganze noch viele Konsequenzen haben werde. Etwas verunsichert bezüglich der Rechtslage zog ich mir dann noch die Hilfe meiner Chefin hinzu, die zusammen mit einem Wachmann am Ort des Geschehens eintraf. Sie kamen gleichzeitig mit einem von dem Angefahrenen gerufenen Minilaster, der sofort im Begriff war das Motorrad aufzuladen. Wir waren gerade im Begriff, eine Einigung mit dem Menschen auszuhandeln, die er dann auch vor einem Notar unterschreiben sollte mit der Klausel, dass beidseitig keine weiteren Verpflichtungen bestehen, als mein Freund darauf bestand, wegen der Versicherung die Verkehrspolizei hinzu zu rufen. Aufgrund des geringen Schadens wollte ich dies eigentlich vermeiden, aber so fuhren wir die beiden zu Schaden gekommenen Fahrzeuge plus Insassen zur Verkehrspolizei – für eine hohe Gebühr des Transportfahrzeuges versteht sich!

Dort angekommen nahmen wir stundenlang den Schaden in Augenschein, füllten Formulare aus und erstellten Skizzen des Tathergangs. Als der junge Mann seinen Führerschein vorzeigen sollte, hatte er keinen. „Dann übernimmt die Versicherung eh nicht den Schaden des Motorrads" teilte mir der Polizist mit. Als die Polizei mir andeutete, dass sie sein Motorrad gleich hierbehalten würden und er eine Million Guaraníes (ca. 200 Euro) Strafe zahlen müsste, um seinen Führerschein nachträglich zu beantragen, konnte ich dies dem armen Menschen natürlich nicht antun, den ich ja schließlich angefahren hatte.

Ein Zurückziehen der Anzeige kostet 360.000 Guaraní (rund 70 Euro). Es bestand – natürlich – auch die Möglichkeit, dem netten Beamten einfach ein Drittel des Betrages in die Hand zu drücken, ohne einen Beleg zu erhalten. Bei den hohen Summen, die über den Tisch gingen, witterte der junge Angefahrene dann doch eine einmalige Gelegenheit, auf die Schnelle ein bisschen Geld zu verdienen. Hatte er vorher noch hoch und heilig versprochen, keinen weiteren Ärger zu machen, wenn ich die Anzeige zurück ziehe, ging es ihm plötzlich so schlecht, dass er nicht sicher war, ob er morgen arbeiten könne.

Wir hatten große Sorge, dass er am nächsten Tag tatsächlich mit irgendwelchen über Nacht entstandenen plötzlich nach Unfällen auftauchenden Verletzungen erscheinen würde, deswegen fuhren wir mit ihm natürlich gleich ins Krankenhaus. Am Schluss präsentierten sie mir eine nette Rechnung und einen kleinen Zettel der besagte, dass es dem jungen Mann blendend gehe. Diese Vorkehrungen mussten wir treffen, da der etwas dämliche Angefahrene zum Glück dem Taxifahrer freudestrahlend erzählte, dass er aus „der reichen Ausländerin sehr viel Schadenersatzgeld herauspressen" würde – wenn es sein müsse, auch mit Hilfe seines Cousins, der Anwalt sei.

Auch wenn man im Endeffekt recht behalten sollte, ist es in einem Land wie Paraguay nicht ratsam, in so ein Verfahren verwickelt zu werden, deswegen versuchten wir verzweifelt, uns irgendwie gegen diese Eventualitäten abzusichern, ohne dabei Kosten zu scheuen. Am nächsten Morgen wurde mir dann die dicke Rechnung der Reparatur seines Motorrädchens präsentiert, die sein Bruder „sehr sehr günstig" für ihn gemacht hätte. Ich hatte in diesem Moment große Zweifel, ob dies das Motorrad im Gesamtwert überhaupt wert ist und versuchte einen Abschlag zu verhandeln. Meine Lust und Laune, mich mit einem beruflich als Knochenzersäger Tätigen, der zudem weiß, wo das eigene Büro ist, anzulegen, war allerdings nicht besonders groß. Zähneknirschend zahlte ich die horrende Rechnung und ließ mir von ihm unterschreiben, dass er gesund und munter ist, ich für jeglichen Schaden aufgekommen bin und er keinerlei weitere Forderungen an mich stellen wird.

Sehr glücklich war ich, endlich aus der Sache herausgekommen zu sein, als mir meine Chefin mitteilte, dass mit einer bloßen Unterschrift gar nichts endgültig vom Tisch sei! Vor dem Notar müsse diese geleistet werden, damit sie nicht anfechtbar ist. Da bleibt mir nichts als Bangen und Hoffen, dass der angefahrene Paraguayer nicht doch noch auf dumme Gedanken kommt....

Busfahren in Paraguay

Michael Schöke

Was gibt es Schöneres, als in Paraguay mit dem Bus unterwegs zu sein, man lernt neue Mitmenschen kennen, erlebt deren Vorzüge und natürlich auch Verhaltensweisen, der Sitz wird vollgekrümelt mit Chipa-Resten, oder leere Flaschen werden unterwegs aus dem Fenster geworfen.

In Asunción, an der Straße Cerro Corá, versuchte ich morgens einen Bus zum Terminal anzuhalten, dachte mir, was die anderen können, kann ich auch. Ich winkte nun eifrig, als der erste richtige *Colectivo* kam, winkte er zurück und fuhr weiter, dachte ok, der war wohl zu voll, also der nächste, das gleiche Spiel wieder. Nach einigen Minuten kam ein Einheimischer auf mich zu und sagte, hier steht ein Schild, Halten verboten, geh 100 Meter weiter, dort kann der Bus halten und nimmt dich mit, gesagt getan, es funktionierte, das waren die Lehrjahre.

Ein anderes Mal stand ich in der Eusebia Ayala, der passende Bus in das Zentrum war jedes Mal hoffnungslos überfüllt, ich wartete und wartete, mittlerweile waren fünf Stück davon vorbeigefahren, auch überfüllt, den nächsten hielt ich wieder an und sagte jetzt oder nie, also fuhr ich auf dem Trittbrett, festhaltend mit beiden Händen außen mit, bis es langsam leerer wurde und ich ins Innere schlüpfen konnte.

Ein anderes Mal war ich in einem Langstreckenbus von Villarrica nach Asunción unterwegs, in Coronel Oviedo stiegen Fahrgäste zu, einer wurde mein Sitznachbar. Bevor er sich hinsetzte, machte er ein Kreuzzeichen, ein Omen? Wir verließen das Terminal, befanden uns auf freier Strecke zwischen Coronel Oviedo und San Pedro, es gab einen lauten Knall unter mir, im Bus wurde es totenstill, der Fahrer fuhr rechts ran. Nach einer Weile ging es weiter bis zur nächsten *gomería* genannten Reifenreparaturdienst. Ein Zwillingsreifen an der Hinterachse war geplatzt. In glühender Hitze, unter einem Blechdach, warteten alle Passagiere auf den Reifenwechsel, ein Traum, es gab Gott sei Dank Leitungswasser zu trinken, nach einer knappen Stunde ging es weiter, ohne Probleme.

Als ich ein weiteres Mal auf einer Langstrecke unterwegs war, hatte mein Bus auf einem autobahnähnlichen Teilstück einen Reifenplatzer rechts hinten – gar nicht so unüblich bei den schlechten Straßenverhältnissen. Seelenruhig und völlig unaufgeregt fuhr der Fahrer rechts ran, guckte sich die Bescherung an, stieg wieder ein und orderte fröhlich: „So, jetzt setzen wir uns alle auf die linke Seite!" – und weiter ging's, zwar etwas langsamer, aber ohne Reparatur! Dabei gibt es gefühltermaßen alle 500 Meter eine *gomería* sicher eines der dichtesten Servicenetze aller Dienstleistungen in Paraguay....

Coronel Oviedo nach Ciudad del Este mit der Empresa San Louis mit Klimaanlage, wunderbar der Beginn der Fahrt, aber zwischen Caaguazú und Campo 9 fiel die Klimaanlage aus, es wurde immer heißer, die Notfenster wurden geöffnet; doch im Ort Campo Nueve hatten einige Passagiere sicherlich etwas abgenommen. Der Ersatzbus stand dort aber schon bereit.

Teilweise trifft auch das Sprichwort zu, "Verlockend ist der äußere Schein, der Weise dringet tiefer ein". Eine jüngere Dame saß auf einer Fahrt von Asunción nach Yrosa neben mir, duftend wie eine Blume, Handy S5 Samsung und sonst auch äußerlich bestens hergerichtet, Markenwäsche und -schuhe. Je näher wir dem Ziel gelangten, wechselte ihre Sprache von Spanisch in Guaraní, als sie bei ihrer Familie abstieg, war das Haus noch im Rohbau und hatte noch keine Fenster.

Verkehrsregeln in Paraguay

Kerstin Teicher

Nach einigen Jahren als Verkehrsteilnehmer in Paraguay kennt man die wichtigsten „Regeln" im Straßenverkehr. Nachfolgend seien mit einem lachendem und einem weinenden Auge einige beispielhaft aufgezählt:

1. **Verkehrsmittel in Paraguay**
In Paraguay gibt es nahezu alle Arten von Verkehrsmitteln, aber keine Bahnen - weder U-, noch S-, Straßenbahn oder staatlich-nationale Fernbahn. Einziges öffentliches Verkehrsmittel sind die *colectivo* genannten Busse, sämtlich in privater Hand, jedoch aufgrund staatlicher Finanzunterstützung zumindest im Preis – weitgehend – einheitlich. Die innerstädtischen Busse zeichnen sich durch ausrangierte Importfahrzeuge aus allerlei Ländern aus. Das Alter der Busse wird liebevoll durch farbenfrohe Lackierung übertüncht.

Wer kein Auto besitzt, fährt entweder Motorrad oder Taxi. Bei ersteren werden die auch in Paraguay existierende Helmpflicht und maximale Soziuszahl dabei sehr großzügig interpretiert. Taxis gibt es in den unterschiedlichsten Formen: Neben den auch in anderen Ländern üblichen Autotaxis gibt es hier auch Moto-Taxis (der Fahrgast steigt hinten auf das Motorrad auf!) oder das Pferdetaxi (vor allem in Villarrica – siehe auch S. 1).

Übrigens: Auch den Mann mit Handwagen, den einige Leser vielleicht noch aus der schriftlichen Führerscheinprüfung kennen, kann man in Paraguay noch überall antreffen!

2. Führerschein

Auch in Paraguay braucht man zum Fahren eines Fahrzeugs einen Führerschein. Aber keine Angst: Jeder Paraguayer kann weiterhelfen und sagen, wo man ihn am besten kauft!

Sogar in den Zeitungen stehen hierfür detaillierte Gebrauchsanweisungen, natürlich mit erhobenem Zeigefinger, aber dennoch so ausführlich, dass es einfach nachzumachen ist. Dabei sind es nicht vereinzelte Stadtverwaltungen, bei denen dies möglich ist, sondern es ist eine sehr weit verbreitete „Sitte".

Zeitung Abc Color vom 11.6.2014.: So kauft man einen Führerschein

3. Hinweisschilder im Straßenverkehr

Hinweisschilder sind unnötiger bürokratischer Ballast, lenken die Verkehrsteilnehmer vom Telefonieren und SMSen ab und existieren daher kaum. Man kann andere Verkehrsteilnehmer auch viel kreativer beispielsweise vor Schlaglöchern warnen, wie das folgende Beispiel zeigt:

4. **Verkehrszeichen und Vorfahrtsregeln**

Verkehrszeichen, inklusive Ampeln, sind de fakto unverbindliche Empfehlungen bzw. dienen der Straßendekoration. Vorfahrtsregeln sind einfach: Vorfahrt hat, wer das schnellere und größere Auto hat. Vorfahrt hat man, wenn man auf einer Vorfahrtsstraße fährt (die als solche aber nicht gekennzeichnet ist – es handelt sich um von Generation zu Generation überliefertes Wissen). Kühe haben auch Vorfahrt, Kleintiere jedoch eher nicht. Und wenn alle drei Punkte nicht zutreffen: Augen zu und durch!

Für Fußgänger sind die Regeln übrigens am einfachsten: Sie können sicher sein, dass für Sie weder gebremst noch ausgewichen wird, und sollte es einmal einen Zebrastreifen geben, dient auch er nur der Dekoration (siehe Punkt 3). Damit Sie gar nicht erst auf die Idee kommen, zu Fuß am Straßenverkehr teilzunehmen, sind die Bürgersteige meist auch in so desolatem Zustand, dass ein Laufen nur unter Lebensgefahr möglich ist.

5. Busfahren in Paraguay

Innerhalb der Städte wird der Fahrschein beim Fahrer gelöst, der das Wechselgeld schon beim Weiterfahren heraussucht, um seinen imaginären Fahrplan einzuhalten. Die Pflicht des Fahrgastes währenddessen ist es, sich so festzuhalten, dass er nicht hinfällt, während der Bus durch Schlaglöcher rattert und er selbst das Wechselgeld und den Fahrschein verstaut. Zum Nachzählen des Wechselgeldes gibt es daher kaum Gelegenheit.

Jederzeit steigen ambulante Händler für eine kurze Strecke zu und verkaufen Obst, kalte Getränke, Chipa und andere Waren an die Passagiere. Bezahlen müssen sie dafür nicht. Vermutlich deshalb und auch wegen der fehlenden Klimaanlagen der Nahverkehrsbusse fahren diese auch gleich ständig mit offenen Türen.

In den Städten gibt es zwar feste Haltestellen, die Busse halten jedoch nach dem Milchkannenprinzip überall dort, wo ein Mensch die Hand als Zeichen zum Einsteigen hebt. Gleiches gilt für das Aussteigen. Man sucht einfach den Klingelknopf oder -schnur (an der Decke) und prompt hält der Busfahrer an der nächstmöglichen Stelle.

6. Anforderungen an Busfahrer

Als Busfahrer muss man hart im Nehmen sein: Ergonomisches Sitzen wird in Paraguay anders als in anderen Ländern definiert: Meist sitzen die Fahrer auf Gartenstühlen mit Plastikgeflecht, die Stuhlbeine abgesägt und auf den Busboden geschweißt.

Und nicht einmal das Fahrgeld der Passagiere darf er mehr behalten! Ist es doch gang und gäbe, dass Fahrgäste beim Aussteigen ihr Ticket dem Fahrer zurückgeben, der es dann an die nächsten einsteigenden Passagiere weiterverkauft. So finanziert er sich nicht nur sein Mittagessen, sondern er kann damit die ihn kontrollierenden Autoritäten bestechen!

Seit kurzem jedoch hängen in einigen der Schilder mit der Bitte an die Passagiere, „Nein" zur Korruption zu sagen und die Tickets bitte nicht dem Fahrer zurückzugeben.

> COLABORE CON SU EMPRESA
> **EXIJA SU BOLETO**
> Y ASÍ LA EMP. INVIERTE EN SU SEGURIDAD
> NO LO DEVUELVA
> SU BOLETO ES SU SEGURO DE VIDA
> DESTRUYA SU BOLETO AL BAJAR
> La pérdida del mismo,
> comprobado por el inspector,
> LE OBLIGA A ABONAR
> UN NUEVO PASAJE - LA GERENCIA
> DENUNCIAS: TELÉF.: 520 221

Pflicht oder Hobby der Busfahrer ist es auch, seine Fahrerecke möglichst bunt und ausgiebig zu schmücken – zumeist ist die Windschutzscheibe mit Vorhängen verziert, die Tererekanne braucht auch ihren Platz, und oft hat er eine zeitweilige Begleitung, die sich praktischerweise direkt auf den Motorblock so setzt, dass der Fahrer auch keine Notwendigkeit hat, rechts aus der Frontscheibe gucken zu müssen. Nach Gehör fährt es sich ohnehin besser.

7. **Beladung**

Man lade so viel auf sein Auto wie möglich. Meistens muss man sich auch keine Sorgen machen, dass die Polizei einen anhält... Die gucken normalerweise ohnehin in eine andere Richtung.

Wenn Sie ganz sicher gehen wollen und es abends ist, schalten Sie vorsichtshalber nicht die Scheinwerfer ein – so können die anderen nicht sehen, wieviel Sie geladen haben, aber Sie können die anderen Verkehrsteilnehmer ja problemlos sehen – das reicht völlig aus!

In den *Colectivos* gilt die Regel des Beladens natürlich analog. Sie können als Fahrgast wirklich alles transportieren. Ob es eine offen getragene Machete ist oder ein 6m langer Besen zur Dachreinigung. Und natürlich selbstverständlich alle 50 kg-Säcke mit lebendem oder totem Inhalt, den Sie für die Fahrt sonst so benötigen.

8. **Verhalten bei Regen**

Bei Regen einen Schirm nicht vergessen - und als Gentleman den Damen über die Straße helfen!

Da die Regengüsse in Paraguay meist sehr stark sind, empfiehlt es sich, vorher einen Schwimm-Auffrischungskurs zu belegen. Schuhe brauchen sie bei den überfluteten Straßen jedoch nicht.

Warm genug ist es meist sowieso. Aber die meisten Motorradfahrer fahren ohnehin in den nach allen Seiten offenen Flip-Flops.

9. Auf der Autobahn

Wenn Sie auf die Autobahn fahren, tun sie dies ganz vorsichtig und langsam, vorzugsweise unmittelbar vor einem sich sehr schnell nahenden Auto. Da der andere Verkehrsteilnehmer dann stark bremsen muss, sorgen Sie für etwas Disziplin und Ordnung auf der Straße.

10. Pflichten der Mitfahrer

Zur Pflicht des Beifahrers gehört insbesondere, auf der Fahrt dem Fahrer kaltes Wasser aus der mitgeführten Thermoskanne für das Nationalgetränk Terere nachzuschenken.

11. Die Polizei

Die Polizei in Paraguay muss sich offenbar nicht an Verkehrsregeln halten: Sie hat keine Helmpflicht und darf natürlich auch ungesichert auf den Pickups fahren…

Ab und an kontrollieren sie auf den Straßen die Einhaltung der Verkehrsregeln und drohen mit der Verhängung von Bußgeldern (*multa*, siehe nächster Eintrag Nr. 12).

12. Verkehrsstrafen (*multa*)

Auch in Paraguay gibt es ein Verzeichnis der Ordnungswidrigkeiten und deren Bußgeldhöhe (*multa*), basierend auf den gesetzlich verankerten Verkehrsregeln. Sehr selten aber werden tatsächlich Bußgeldbescheide ausgestellt – vermutlich weil auf paraguayischen Straßen so ordentlich und zivilisiert gefahren wird...

Sollte es jedoch doch einmal dazu kommen, umgeht der ertappte Verkehrsteilnehmer dieser Strafe meistens durch geschicktes Verhandeln oder direktem Herausreichen eines Geldscheines zusammen mit den geforderten Dokumenten. Letzteres erfordert natürlich eine gewisse Erfahrung, um zu wissen, welcher Betrag in der jeweiligen Situation angemessen ist.

Schalke 04 goes Paraguay

Hermann Schmitz

56 Schalke-Trikots minus 5 Schalke-Trikots minus 1 Schalke-Trikot plus 1 Schalke-Trikot plus 5 Schalke-Trikots minus 1 Schalke-Trikot plus 1 Schalke-Trikot (und noch „1 im Sinn").

Die obige Gleichung scheint auf den ersten Blick „Banane" Also die einzelnen Rechenschritte – vorwärts und rückwärts – einmal nachgezeichnet: An den Anfang stelle ich – original – den ersten Eintrag aus meinem Reisetagebuch: Asunción, 15. Oktober 2005:

Es ist doch ein ganz anderes Gefühl, auf dem „Pettirossi"-Flughafen in Asunción zu landen, wenn man weiß, dass endlich die seit Jahren kaputte Radaranlage erneuert und auch sonst ein bisschen gewerkelt wurde am „Aeropuerto Internacional". Und tatsächlich erkenne ich beim Blick durch das Flugzeugfenster Ausbesserungen im Rollfeld, es wachsen keine Sträucher mehr aus den Betonritzen und beim Rollen der Maschine in die Parkposition rappelt es deutlich weniger als früher.

Die Gestalten, die den Reisenden im Flughafengebäude erwarten, lungern aber noch genauso herum wie eh und je; es wird nicht deutlich, was die da eigentlich sollen. Wohl aber, was sie wollen: Nachdem er sämtliche 56 Schalke 04-Fußballhemden, bestimmt für die Landwirtschaftsschüler in Juan de Mena, ausgiebig durchwühlt hat, will der fette Zollmensch das besonders schöne Torwart-Trikot von mir haben!! Er hat es sich erst vor die Wampe gehalten, um sogleich erfreut festzustellen: *„Me queda bien"* – „passt und steht mir", und um es sodann hinter sich in seinem Asservatenbereich zu deponieren. Ich war eines seiner ersten Opfer, dort würde noch mehr landen, der Mann hat schließlich Familie...

„Bienvenido - estoy en Paraguay!", traute ich mich zu sagen, mehr aber nicht, denn der *aduanero* konnte ja leicht die ganze Ladung konfiszieren, hatte er doch was von *„mercadería comercial"* (Handelsware) gemurmelt, ohne auf meine Geschichte von den Schülern in Juan de Mena einzugehen. Auch meine schöne Visitenkarte, die mich doch als Wohltäter seines Landes ausweist, hatte ihn nicht beeindruckt.

Mich dagegen umso mehr die Tatsache, dass alles ohne die geringste Spur von Heimlichkeit ablief; jeder durfte Zeuge sein, der Mann hatte nichts zu verbergen noch zu befürchten. Und von mir etwa auch nicht??

Ja – soll ich denn zwei Wochen hinter meinen Hemden herlaufen, von Pontius nach Pilatus – und wenn ich Glück habe, sind dann vielleicht noch 30 übriggeblieben (die Schalke-Trikots sind so was von begehrt!), und die Einweihungsfeier der Schule ist womöglich längst vorbei!!?

So leicht wird man in diesem Land Teil der Korruption – was heißt Teil, man ist korrupt! (Paraguay hält übrigens wieder Platz 2 der Korruptionshitliste in Südamerika. „Platz 1 haben die Paraguayer verkauft", so der gängige und sehr treffende Witz zu diesem Thema).

Das Ende der Story glaubt mir allerdings so leicht keiner, für den Fall ist meine Frau Ute Zeuge: In meiner ersten Mail in die Heimat berichte ich ihr von der Zollgeschichte. Ute antwortet umgehend - ich zitiere: „Ich kann mir alles genau vorstellen, auch den schmierigen Typ vom Zoll. Ich habe dir daher vorausschauend ein Hemd mehr eingepackt." Kann man sich eine intimere Landeskennerin vorstellen?

Soweit aus dem ersten Teil meines Tagebuches. Als ich dort vom „Ende der Story" schrieb, hatte ich nicht die blasseste Ahnung von der Dynamik der weiteren Ereignisse, die folgen sollten.

Freund Oscar, der mich am Flughafen abholt, ist der erste, dem ich die Zollstory erzähle – eher beiläufig, denn sie ist ausgesprochen "normal" in diesem Land, in dem wir in 30 Jahren doch wahrlich schon ganz andere Sachen erlebt haben! Auch Oscar reagiert also nur mäßig erstaunt, nach dem Motto: "Ist ja diesmal gut gelaufen ..." Utes Vorausschau allerdings nötigt ihm wortreiche Bewunderung ab. *„Increíble, esta mujer, qué inteligente!"* – „Unglaublich diese Frau, wie intelligent!

In den nächsten Tagen gebe ich die Story das ein oder andere Mal zum Besten. Und auch dabei steht – Hand aufs Hemd – nicht etwa der schnöde Klau des Zöllners, sondern allein der schlaue Clou der Ute im Vordergrund!

Nach 14 Tagen kann die Einweihung der Landwirtschaftsschule in Juan de Mena, wegen Regen mehrfach verschoben, endlich stattfinden. Fast ist über das geklaute Hemd schon Gras gewachsen. Aber nur fast.

In meiner Festrede vor einem Publikum, das in dieser Umgebung schon „erlesen" zu nennen ist, einschließlich Minister, Presse und deutschem Botschafter, erwähne ich zu Beginn, launig-anekdotisch, den Vorfall am „Pettirossi". Auch hier kein Aufschrei, sondern eher ein wissendes Sichanlächeln, dann ein befreites Lachen bei Utes „Auftritt" in der Story. Am Ende stehen 56 Landwirtschaftsschüler und –schülerinnen vor mir, aufgereiht zum Empfang meines Gastgeschenks: Schalketrikots, in der wiederhergestellten Anzahl von 56! Sie ruhen in dem großen Koffer, den ich seit meiner Ankunft nicht mehr angefasst hatte, und warten auf ihre Verteilung. Am Schluss des munteren Anprobierens – wem passt welches Hemd bemerke ich Unruhe, dann betretenes Schweigen: Drei Mädchen und zwei Jungen stehen da – ohne Hemd! Ratlosigkeit, Peinlichkeitsgefühle bei mir. Es bleibt dabei: 51 Hemden sind es, keins mehr und keins weniger!

Die Lösung ist einfach: Der Zoll arbeitet koordiniert, mit System. Schon im Gepäckkeller des Flughafens bedient man sich gern aus unverschlossenen Koffern, das hatte ich doch schon öfter erlebt, einmal sogar bei einer Medikamentenladung für ein staatliches Krankenhaus! Ja, aber muss man denn – zum Teufel – auch Fußballtrikots sichern?! Man sollte!

In diesem Moment, als fünf enttäuschte Gesichter mich anblicken, weiß ich es. Beim nächsten Mal! Lösung für dieses Mal: Ein paraguayischer Freund, der bald nach Deutschland reist und beim Festakt anwesend ist, wird auf dem Rückweg die fehlenden fünf Trikots mitnehmen. Nein - besser sechs!

Tage später erscheint im Sensationsblatt „Popular" in Asunción ein großer Artikel mit der Überschrift: *"Aduanero cobró de „peaje" una remera a alemán"* – „Zollbeamter nimmt einem Deutschen als „Bezahlung" ein Hemd ab." Darüber ein Foto, das mich bei meiner Ansprache mit einem hoch gehaltenen Trikot zeigt. Einer der anwesenden Reporter hatte „seine" Story gefunden, wir waren alle total überrascht! Originaltext „Popular" (nur mein Name ist nicht original):

„Thomas Hermann Schmizt ist Deutscher, Vorsitzender einer Nichtregierungsorganisation, die Pro Paraguay heißt und seit 14 Jahren in der Kolonie Regina Marecos Hilfe leistet, u. a. beim Aufbau der Ökologischen Landwirtschaftsschule San Juan, in der die Schüler zu Fachleuten in der ökologischen Produktionsweise ausgebildet werden. Der Teutone (*teuton!*) besucht die Kommune Regina Marecos jedes Jahr und hat auch immer Mitbringsel für die Schüler dabei. Auch in diesem Jahr hatte er sich wieder etwas überlegt. Weil der deutsche Botschafter in unserem Land, Dr. Horst-Wolfram Kerll (richtig geschrieben!), seine Anwesenheit bei dem offiziellen Akt angekündigt hatte, dachte Schmizt an den Lieblingsclub des Diplomaten (frei erfunden!), und er packte einen enormen Koffer voll mit Trikots des Fußballclubs „Shalke" 04, um sie an die Schüler zu verteilen. Der Deutsche konnte nicht im Entferntesten ahnen, dass einer der „*muchachos*" im Zoll ihm als „Zahlung" ein Hemd abknöpfen würde, um sein Gepäck durchzulassen. „Ein fetter Zollbeamter nahm mir, völlig schamlos, das Torwarthemd ab, erst dann durfte ich weiter", berichtete fassungslos der Ausländer. „Er wollte mich nicht passieren lassen, ohne meinen Koffer zu öffnen, er nahm, ganz selbstverständlich und ohne sich um die Blicke der Leute zu kümmern, das größte Hemd an sich, ein Torwarthemd, und danach konnte ich durch", berichtete er in Anwesenheit des deutschen Botschafters, der sich indigniert zeigte angesichts der schlechten Behandlung, die seinem Landsmann durch den „fetten Zollbeamten" zuteil wurde. Der empörte Deutsche berichtete weiter, dass er diesen Vorfall sogleich seiner Ehefrau, mit Namen Ute Schmizt, mitteilte, die ihn dieses Mal nicht begleitet hatte. „Ich schrieb es Ute per E- Mail und sie antwortete mir umgehend, ich solle mich nicht beunruhigen, da sie sich Ähnliches gedacht habe und mir vorsorglich ein Extra-Hemd eingepackt habe. Sie ist eine wahre Kennerin Paraguays", so der Germane (*germano!*)."

Als dann aber am gleichen Abend der Fernsehsender „Canal 9" von der Einweihungsfeier berichtet und einen hemdsärmeligen Kommentar zur Korruption im paraguayischen Zoll anhängt, wird die Sache allmählich zur Farce. Der erste Taxifahrer am nächsten Morgen: "*Te conozco, te ví en el „Popular" y mi Señora me dijo que saliste en Canal 9*". Er kannte mich also, und seine Frau hatte mich im Fernsehen erblickt – nicht zu glauben!

Der „Popular" ist Paraguays Bildzeitung und Pflichtlektüre der Taxifahrer, kein Wunder also, dass mich der nächste Kollege begeistert ansprach: „*Vós sós el hombre de la remera, verdad*!? Du bist doch der Mann mit dem Hemd. Oder?!" In den nächsten Tagen war ich zum „Hemdenmann" geworden – es half nichts!

Die neue Chefin der paraguayischen Zollbehörde hatte sich anscheinend vorgenommen, Schmuggel und Korruption wenigstens ein bisschen aufzubrechen.

Ihr persönlicher Einsatz scheint glaubwürdig, sie selbst ist allerdings eine eher tragische Figur, ihre Tage sind gezählt, weil sie allzu vielen der – fast ausnahmslos korrupten – Mächtigen und ihren dubiosen „Geschäften" in die Quere kommt. Die „*Jefa de las Aduanas Paraguayas*" erfährt vom *caso remera*, von der Hemdenaffäre. Sie liest schließlich Zeitung.

Jetzt erscheint in der „ABC Color", der größten paraguayischen Tageszeitung, neben dem Foto der Zollchefin ein Artikel mit der geradezu beängstigenden Überschrift: „Ermittlungsverfahren beim „Pettirossi"-Zoll aufgrund von Hemdendiebstahl.

Darunter der Text: Die Nationale Zollbehörde ordnet die Eröffnung eines Ermittlungsverfahrens gegen alle Beamten des Internationalen Flughafens Silvio Pettirossi an – aufgrund der *„denuncia"* (Strafanzeige) des deutschen Bürgers Thomas Hermann Schmizt, der ..... (Es folgt wortreich meine „Anzeige"). Dann weiter im Text:

„Angesichts dieser Situation ordnet Zollchefin Margarita Díaz de Vivar die Auswechslung sämtlicher Zollbeamter des Flughafens an ..." (Und noch mal der „Vorgang" in epischer Breite). Der Artikel endet: „Das Verfahren wird den beteiligten Beamten überführen und die angemessene Bestrafung über ihn verhängen. Jede korrupte Handlung ist schlimm für uns, ob es sich um ein Hemd oder Höherwertiges handelt. 57 Sporthemden, ein Geschenk für paraguayische Schüler, wurden erpresst. Das tut uns in der Seele weh (*sentimos en el alma*), weil dies nicht nur dem Zoll schadet, sondern das Bild der Seriosität zu beschädigen droht, welches Paraguay nach außen hin zu verbreiten beginnt. Die Zollbehörden befinden sich in einem Prozess der Umwandlung, wir müssen Transparenz herstellen. Daher führen wir diese internen Säuberungen durch, wenn solche Fälle wie dieser im Flughafen vorkommen", so die Zollchefin.

Jetzt war ich dem Heldenstatus schon ein ganzes Stück näher gerückt – völlig unfreiwillig – und das Lachen war mir vergangen. Ich hatte doch überhaupt keine *denuncia* gemacht, nicht mal die leiseste Absicht in der Richtung gehegt, hatte den entsprechenden Passus in meiner Ansprache als Beitrag zur paraguayischen Folklore gesehen! Was denn sonst?! Irgendetwas lief da auf einmal völlig an mir vorbei! Ich kann mich nun vor lobenden Kommentaren und Schulterklopfen kaum mehr retten, ein wenig ertappe ich mich sogar dabei, den Rummel auch zu genießen. Doch immer beteuere ich natürlich wortreich meine „Unschuld". Auch eine gewisse Furcht bemächtigt sich jetzt meiner. Bald muss ich doch über „Pettirossi" ausreisen! Wenn mich die „Jungs" da wieder erkennen würden, den Denunzianten. Ich fühle schon das ein oder andere Messer im Rücken,..

Am Tag darauf ein neuer Artikel: „*Aduanas devuelve camiseta alemana*" - Zoll gibt deutsches Hemd zurück:

„Den Aufsichtsbeamten der Zollbehörden gelang es, aus den Händen eines ihrer Funktionäre das Sporthemd mit den Farben eines deutschen Fußballvereins zurück zu erlangen, welches einem Vertreter jener Nation als „Bezahlung" abverlangt worden war, als er über den Flughafen Pettirossi paraguayisches Territorium betrat. ....(Und noch mal - zum Dritten - die ganze Geschichte) Dann weiter:.. „Zoll verfügt die Aushändigung des Objekts an den Botschafter Deutschlands in unserem Land, mit einer entsprechenden offiziellen Note der Entschuldigung für diesen bedauerlichen Vorfall. Diese Art Vergehen bekämpfen wir ja gerade, hierbei spielt der Wert keine Rolle, es ist gleichgültig, ob es sich um ein Hemd oder einen Container handelt", so heißt es u. a. in dem Dokument an die Botschaft. Es sei gelungen, den Übeltäter zu überführen, der in seiner Einlassung angegeben hatte, das Hemd als" Geschenk" erhalten zu haben."

Was stand da?! Die Aushändigung des Objekts an den Botschafter ...? Mein Hemd! Unglaublich – was hat der Botschafter mit meinem Hemd am Hut? Natürlich wurmt mich auch, dass der *Señor Embajador* – kraft seines hohen Amtes – im Vordergrund steht. Er kriegt mein Hemd - und mich fragt man nicht einmal! Dabei sehe ich das ganz und gar nicht persönlich, der Mann ist nämlich wirklich ein prima Exemplar der Gattung Botschafter.

So erleben wir hier ein schönes Beispiel, wie Diplomatie – werden nur ordentlich die Hemdsärmel aufgekrempelt – schlimmere Folgen erfolgreich zu verhindern imstande ist. Es sind schon aus geringfügigeren Anlässen als einem Hemd Kriege entstanden.

Doch was ist mit meiner Rolle? Sie wird in keinem Geschichtsbuch auftauchen, ganz abgesehen davon, dass ich ja offiziell Thomas Hermann Schmitz bin, wobei ich schon froh sein kann, dass sie mir wenigstens den Hermann gelassen haben. Um nicht ganz im Hemd dazustehen, gehe ich in die Offensive: Ich sende dem Herrn Botschafter eine Mail, verkneife mir alle Hinweise auf Eigentumsrechte oder gar Aufforderungen zur Rückerstattung, stattdessen biete ich ihm großmütig MEIN HEMD ALS GESCHENK an! („...für Ihre Kuriositätensammlung und als Andenken an den *caso remera*)!

So glaube ich meine Handlungsfähigkeit wiederzuerlangen und gleichzeitig ein diplomatisches Meisterstück abzuliefern. Doch nichts von alledem! Das Hemd wird, zusammen mit Büchern, Deutschlandpostern und einem freundlichen Begleitschreiben an Schulleiterin Raquel, an die Schule geschickt. Nun ja, da gehört es ja auch hin. Allerdings bin ich später mit Schülern und Lehrern einig, dass das „Objekt" nur bis zur Ankunft der Ersatzlieferung benutzt werden soll, danach gehört es ins Schulmuseum. Mindestens!

Also muss der paraguayische Freund im Dezember sieben Hemden mitnehmen. Wieso sieben? Nun, der aufmerksame unter den Lesern meiner Hemdreportage dürfte es wissen: Fünf als Ersatz für die ganz zu Beginn im Flughafen geklauten, eins anstelle des „Museums"hemdes – und eins ...? Na klar: Die „*muchachos*" vom Pettirossi lernen doch ständig dazu! Und die Neuen von den Alten!

Doch so weit sind wir noch nicht. Während meiner letzten Tage in Asunción vergeht kein Treffen, kein Gespräch ohne Thema Nummer 1. Mein letztes Hemd hätte ich dafür gegeben, doch den Mund gehalten zu haben! Aber da muss ich nun durch.

Und noch mal durch den Zoll im „Pettirossi"! Ein Freund bringt mich. Und beruhigt mich. „*No pasa nada, han cambiado a todos*! Nix wird passieren, die haben doch alle ausgetauscht..." Und wenn sie meinen Abflug rausgekriegt haben und ein paar „Jungs" auf mich warten? Typisch germanische Überschätzung. *No pasa nada.* Aber nur bis zur Gepäckkontrolle beim Zolldurchgang. Da piept es erst mal – verflucht, die Metalldose mit den braunen „Fisherman's Friend" Anis-Pastillen! Immer vergesse ich, die rauszuholen. „*Abrí un poco tu latita*!", brabbelt der Beamte. „Mach dein Döschen mal ein bisschen auf." „Ein bisschen" sagt man gern in Paraguay, und geduzt wird man grundsätzlich. Der Typ redet und riecht so komisch, ist der besoffen? Als er die braunen Plättchen sieht, weiß er sofort Bescheid: Marihuana! Davon gibt es in seinem Land schließlich jede Menge. Ist das die

Rache der *muchachos*? „*No es marihuana!*" Ich kaue drei Fisherman´s auf einmal, dass mir die Zähne weh tun, und schlucke sie runter. „*Es remedio para la garganta*, das sind Pillen für den Hals!" Ich biete ihm sogar eine an, es nützt nichts. Jetzt wird der Drogenhund geholt, ein lieber hellbrauner Cockerspaniel, der aufgeregt auf der Ablage herumwuselt, mein „Marihuana" aber souverän missachtet. Dafür schnüffelt er umso ausdauernder an meinem Rucksack. Auch das noch - verdammt noch mal! „*Abrí un poco tu mochila!*" Es hilft nichts, alle fünf Flaschen *caña*, paraguayischer Zuckerrohrschnaps der Marke „Aristócrata", drei kleine und zwei große, kommen zum Vorschein. In 30 Jahren habe ich Unmengen von dem Gesöff aus dem Land gebracht – nie hat sich einer darum geschert. Und jetzt erzählt mir der Typ was von „Mengenbegrenzung". Schnell wird klar, der will das Zeugs für sich, hat wohl auch sofort gesehen, dass es sich um „*añejo*" handelt, den angeblich sechs Jahre alten *caña*. Ich schwärme, daß man diesen doch in Deutschland so sehr schätzt. Dieser Appell an seinen *patriotismo* hat wohl den Ausschlag gegeben, weniger der Umstand, dass ich ihm am Ende entnervt die Flaschen hinknallte: „*Quedáte con tu caña*! Behalt doch deinen *caña*!" Jedenfalls reicht er mir seine feuchtschwammige Hand, wünscht mir viel Glück und hilft beim Einpacken der fünf Flaschen... In der Abflughalle nehme ich einen großen Schluck aus einer kleinen Flasche.

Ich bin schon zwei Wochen zurück in der Heimat, da erzählt mir ein Freund auf die Stichwörter „Hemd" und „Paraguay" von einem Artikel, den er kürzlich in der „Frankfurter Rundschau" gelesen habe. Da sei es um einen Deutschen und ein „Hemd" gegangen... und um „Zoll"... und um eine „Säuberungsaktion"...

Und überhaupt um eine Wende zum Positiven in diesem Land... Warum er mir denn einen solch wichtigen Artikel vorenthalten habe?? „Der Tenor war irgendwie so positiv, ich dachte, das gefällt dir bestimmt nicht so gut...", du schimpfst doch immer so über Paraguay."

Und hier holt mich die Hemdenstory zum vorläufig letzten Mal ein und diesmal per Internet:

„Frankfurter Rundschau", 18. November 2005, – „Auf dem Weg der Besserung: Die Geschichte von den Schalke-04-Trikots spricht sich in diesen Tagen langsam herum in Asunción, der nicht gerade weltstädtischen Kapitale Paraguays (wohl wahr!): Einem Deutschen, der mit 56 Fußballer-Hemden nach Paraguay einreiste, die er für ein Sozialprojekt im Gepäck hatte, nahm der Zöllner bei der Einreise eines ab – als

Zoll sozusagen. Der Mann erzählte bei der Eröffnung des Projekts beiläufig davon, so kam die Sache in die Zeitung – und tags darauf lieferte ein Abgesandter der Zollverwaltung das Trikot bei der deutschen Botschaft ab..."

Paraguay ist und bleibt eben „*país de las maravillas*" – ein Land der Wunder!

Aufmerksame Zollbeamte

Irene Reinhold

Vor einigen Jahren bekam ich von einem Freund eine nette Grußpostkarte, in die ein kleiner, einfacher aber wirkungsvoller Mechanismus eingebaut war: Eine Metallklammer und ein Gummiband sorgten dafür, dass das beigefügte Konfetti beim Öffnen der Klappkarte dem Empfänger fröhlich und erstaunlich zielsicher ins Gesicht hüpfte. Ich fand die Idee so lustig, dass ich sie sogleich nachbastelte - die nötigen Rohstoffe hatte ich als fleißige Schreibtischtäterin ja immer griffbereit - und meiner im fernen Deutschland lebenden Schwester zu ihrem Geburtstag schickte.

Ich hatte Glück und die Post fand halbwegs pünktlich ihren Weg über den Ozean. Entsprechend später erhielt ich ein Foto - meine Schwester mit Konfetti geschmückt - samt der Versicherung, das Foto sei nicht gestellt. Ich war ganz begeistert, wie treffsicher die Ladung losgegangen war.

Einige Zeit später konnte ich meine Familie in Deutschland besuchen. Meine Schwester zeigte mir bei der Gelegenheit auch die Karte samt Umschlag. Auch das Konfetti hatte sie, zumindest zum Teil, wieder eingesammelt. Stolz betrachtete ich das Ergebnis meines handwerklichen Geschicks. Mein Blick fiel allerdings auch auf den Umschlag - er war mit Tesafilm versehen sowie einem Vermerk von der Zollkontrolle.

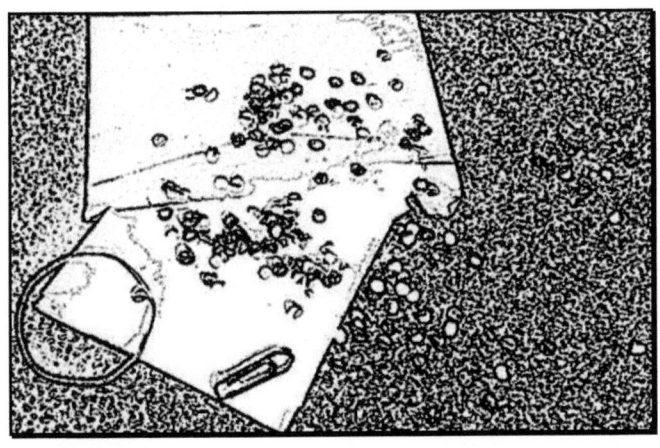

"Vom Zoll geöffnet" - Ja verflixt, kann man denn inzwischen nicht mal mehr normale Briefe verschicken, ohne dass die Paranoiker gleich Bomben oder sonst etwas vermuten? Möglicherweise hatte der Metalldetektor angeschlagen, so dass sie sich gezwungen sahen, meinen Brief einmal genauer unter die Lupe zu nehmen. Selbiges tat ich jetzt auch: Die Karte, der Schnipsgummi, die Klammer, alles intakt. Das Konfetti...

Meine Schwester beteuerte, nur das Konfetti aus dem Umschlag eingesammelt und aufbewahrt zu haben. Ich hingegen bin absolut sicher, dass ich beim Befüllen der Karte kein blassfarbiges Behördendurchschlagpapier zur Hand hatte. Was sich in den heiligen Hallen der Durchsuchungsbeauftragten wohl zugetragen hat... Ich wär zu gern dabei gewesen. An dieser Stelle herzlichen Dank an die Herren Kontrolleure, die sich auch noch die Mühe gemacht haben, die Karte vor dem Weiterschicken wieder neu zu "laden" und zu spannen.

Klebrig, süß und immer fröhlich

Benedikt Vallendar

Er war gerade 18, als Pedro Jiménez bei einem Arbeitsunfall in einer Schreinerei seinen linken Arm verlor. Eine laufende Maschine hatte sein Hemd mitgerissen und ihn gleich mit. Was folgte, war eine Odyssee durch Kliniken und Reha-Maßnahmen, die der junge Mann über sich ergehen lassen musste. Zeitweise sah es nicht gut für ihn aus. Die Wunde wollte nicht richtig heilen und es kam zu Komplikationen. Zum Glück fand er Ärzte, die ihm professionell halfen, was in einem Entwicklungsland wie Paraguay nicht selbstverständlich ist. Inzwischen hat Pedro alles gut überstanden. Der Stumpf ist gut verheilt und er blickt optimistisch in die Zukunft.

Und von Niedergeschlagenheit ist bei ihm keine Spur, was wohl auch mit seinem katholischen Glauben zu tun habe, sagt der Familienvater. Der Glaube an Gott gebe ihm Kraft, eine Kraft, die sich Außenstehende wohl kaum vorstellen können, wenn sie den

Eismann nicht persönlich erlebt haben. Er ist fast immer fröhlich, trägt seinen linken Armstumpf fast triumphierend vor sich her, damit ihn jeder sehen kann.

Trotz seines Unfalls wollte sich Pedro nicht unterkriegen lassen, sein eigener Herr bleiben, Geld verdienen und eine Familie gründen. Dabei kam ihm die Liebe der Stadtbewohner für Süßes zupass. Pedro besorgte sich ein paar gebrauchte Eismaschinen, studierte Rezepte und mietete einen kleinen Transporter, um seine Kunden beliefern zu können. Da es im südlichen Paraguay fast immer warm ist, selbst im Winter die Temperaturen kaum unter 20 Grad fallen, kann er sein Eis eigentlich immer verkaufen. Sein großes Glück war seine Frau Maria, sagt Pedro, mit der er mittlerweile zwei Kinder hat und die ihm in allen Lebenslagen zur Seite steht. „Ich danke Gott, dass er mich nicht im Stich gelassen hat", sagt Pedro, während er mit dem rechten Arm stolz eine seiner neuesten Eigenkreationen, Melone-Vanille, aus der Truhe zieht.

Maria sitzt neben ihm auf der Veranda und ist mit der Buchhaltung beschäftigt. Ständig klingelt das Handy. Am Nachmittag haben sie noch eine Tour vor sich. Einige Läden und Kioske haben um Nachschub gebeten. Es hat sich in Coronel Oviedo herumgesprochen, dass Pedro ein wahrer Meister in der Eisherstellung ist und sich immer neue Sorten und Formen ausdenkt. Der Phantasie und den Geschmacksrichtungen sind dabei kaum Grenzen gesetzt.

Seit seiner Kindheit lebt Pedro, gelernter Lagerist, in Coronel Oviedo. „Die Stadt ist ein Verkehrsknotenpunkt", sagt Pedro. Zwischen der Hauptstadt Asunción und Ciudad del Este, dem quirligen Handelszentrum im Grenzdreieck zu Argentinien und Brasilien. Nur selten ziehe es ihn dorthin, die Hektik der Großstadt war noch nie sein Ding, sagt Pedro. Er liebt die Beschaulichkeit der Provinz und natürlich die Nähe zu seiner Familie und den Freunden, die schon gespannt auf seine nächsten Eiscrème-Kreationen warten.

Im Supermarkt

Kerstin Teicher

Einkaufen im Supermarkt funktioniert ganz anders als in Deutschland. Es beginnt mit dem Hineingehen. Einfacher gesagt als getan. Am Eingang muss der Kunde nämlich sämtliche Taschen, die größer als eine Abendhandtasche sind, an der Rezeption abgeben und darauf vertrauen (hat bei mir bislang auch – ehrlich gesagt – ausnahmslos funktioniert!), diese mit-samt ihrem Inhalt beim Herausgehen auch wiederzubekommen. Als Ersatz bekommt man eine Art Hundemarke. Wo man diese – nebst Portemonnaie (das man ja – auch in Paraguay – zum Bezahlen braucht) und das Handy während des Einkaufs als Frau hintun soll, ist dem Kunden selbst überlassen. Also: am besten einen Mann mit vielen Hosentaschen mitnehmen!

Die Auswahl der Waren an sich ist ähnlich praktisch und schnell wie in anderen Ländern. Gewöhnungsbedürftig am Anfang ist lediglich, dass es viele

Waren auch als lose Ware nach Gewicht gibt – angefangen vom Brot über Mehl, Reis, Nudeln, Zucker, Salz, Hundefutter, Waschmittel – fast alles. Es gibt natürlich diese Waren auch abgepackt. Genaugenommen ist das ein sehr praktisches Prinzip.

Nicht jeder braucht ständig ein Kilogramm Mehl oder Reis auf einmal. In Berlin wird dieses Prinzip übrigens gerade als bahnbrechend neues und ökologisches Prinzip – weil ohne Tüten, denn die Behälter müssen von den Kunden mitgebracht werden – gefeiert. In Paraguay hängen die Tüten zum Einfüllen der losen Ware gleich nebenan, keine Bange! Hat man seine Einkäufe in 5-10 Minuten erledigt, glaubt man, seiner – typisch deutschen – Zeitplanung ein Schnippchen geschlagen zu haben. Aber da hat man die Rechnung ohne die Kassenprozedur gemacht! Dort steht man nämlich meist das Vielfache der Zeit an. Das hat verschiedene Gründe: Zum einen werden die Waren zwar auf ein Band an der Kasse gelegt, dies ist aber kein Transportband, sondern nur ein Dekoband, auf dem alle möglichen anderen Dinge (Waren) gelagert sind. Es bewegt sich also nicht. Der Kunde muss meist dafür sorgen, dass seine Waren irgendwann vor dem Scanner (die gibt es in den meisten größeren Supermärkten Paraguays schon seit geraumer Zeit) der Kassiererin liegen. Aber bevor er dazu kommt, seine Sachen auf das Band zu legen, steht noch der Kunde direkt vor Ihnen!

Jetzt passiert folgendes: Er legt mitnichten seine Waren, sobald das Nicht-Transportband einigermaßen frei ist, schon auf das Band. Auch nicht, wenn der Kunde bereits bezahlt... Nein, zunächst wartet er, bis der Kunde vor ihm aus dem Kassenbereich verschwunden ist.

Nun endlich also ist das Kassenband frei. An dieser Stelle aber machen die meisten Kunden in Paraguay eine Art Meditation über die Waren, die sie einkaufen wollen. Angenommen, der Kunde vor Ihnen hat WC-Papier, 2 Flaschen Brause, etwas Brot, Seife, etwas Fleisch, 1 Packung Yerba (Kräuter für den Terere) und noch ein paar Kleinigkeiten eingekauft. Deutlich überschaubar also. Aber was tut er? Er nimmt das Fleisch aus dem Wagen, guckt es an, legt es wieder zurück in den Wagen. Er guckt seine Waren an, fasst die meisten kurz prüfend an … und legt dann die Packung Yerba auf das Band. Und so geht es im Schneckentempo weiter, bis er nach gefühlten 20 Minuten endlich die Hälfte der Waren auf dem Band hat. Dann lässt er sich von der Kassiererin die aufgelaufene Summe sagen, prüft im Portemonnaie, ob das Geld reicht – nicht, dass man das hätte schon während des Einkaufs überschlagen können bei der überschaubaren Anzahl der Produkte…

Was nach reiflicher Überlegung oder des Geldes wegen doch nicht mitsoll, wird einfach auf dem Dekoband liegengelassen und irgendwann gegen Abend dann zurück in die Regale sortiert.

Am anderen Ende – jetzt wird Paraguay wieder sehr praktisch! – steht dann ein meist männlicher jugendlicher Einpacker, der die Waren in Lichtgeschwindigkeit in zahlreiche Tüten verpackt – schön sortenrein getrennt! Eigentlich wären Paraguayer wunderbare Müllrecycler, aber hierbei wenden sie dieses Prinzip nicht an. Obst kommt zu Obst, Reinigungsmittel nur zu Reinigungsmitteln, lose Ware zu loser Ware usw. Und am Ende bringt er die Tüten an Ihr Auto und erwartet ein kleines Trinkgeld. Häufig sieht man sogar auf den Straßen diese Jungs bei größeren Einkäufen die Einkaufstrolleys bis zum wenige Blocks entfernten Haus des Kunden schieben! DAS ist wirklich ein toller Service!

Dafür ertrage ich dann als Berliner Ungeduldsbrocken nach Jahren des Wohnens in Paraguay auch die Folterprozedur meines Vormannes an der Kasse – mittlerweile sogar ohne für die Außenwelt sichtbare Nervosität!

Eisenwarenladen anno 2014

Steffen Karl

Ordnung braucht nur der Dumme, das Genie beherrscht das Chaos." Soweit Albert Einstein als Gegner ständigen Zeitverlusts durch Aufräumen; bleibt zu hoffen, dass durch diese Niederschrift im späteren Bedarfsfalle ein Erinnern an diese Aussage möglich ist.

Schon längere Zeit war der Entschluss gefasst, einmal einen der Handwerkerläden Paraguays zu besuchen: Nahezu am Eingang zu "unserem" Städtchen Villarrica an der Hauptstraße gelegen, gibt es eigentlich auf den ersten Blick nichts, was es hier nicht geben könnte. In der *Ferreteria* "San Francisco" braucht es dafür nur die Mitarbeiter mit schlichtweg genialem Erinnerungsvermögen.

Alles ist in nicht einsturzgefährdeten, dafür aber in exakt farblich unterschiedlich beschrifteten Schachtelsäulen untergebracht. Sämtliche hier gelagerten

Ersatzteile, Werkzeuge und Farben nebst Badezimmerfliesen nötigen den Mitarbeitern kaum eine Sekunde Überlegungszeit ab: fast sofort wissen die Verkäufer, wo das gewünschte Teil zu finden ist! Wer braucht schon einen großen Baumarkt? Oder Computer? Eine Inventarliste? Wozu, wenn es doch auch nach der Stapelmethode „first in-last out" geht...

Seltsamerweise wird nie eine Lawine beim Runterstapeln ausgelöst, deren nicht zu haltende Flut sich bis auf die Straße ergießen würde: Ein Herausnehmen der Ware übrigens erfolgt erst nach Abschaltung des ewig rotierenden Deckenlüfters...ist ja klar...

Erwähnenswert bleibe noch, dass auch eine weibliche Verkäuferin dort beschäftigt ist: dabei können Frauen doch die Stimmen der Werkzeuge gar nicht hören...

Lustige Berufe

Kerstin Teicher

Paraguay ist vielleicht das einzige Land auf der Welt, in dem es Berufe und Behörden gibt, die so unglaublich sind, dass man sich in einem Märchen wähnt.

In der Senatorenkammer (*cámara de senadores*) des paraguayischen Parlaments beispielsweise gibt es tatsächlich die Stelle des „Direktor für Fotokopien" (*director de copiado*). 2014 hatte diesen existierenden Posten Sigfrido Fonseca inne, der immer donnerstags die Vorlagen für die regelmäßige Sitzung der Folgewoche zum Kopieren erhält. Dafür erhält er ein Monatsgehalt von 14,65 Millionen Guaraníes. Das sind bei einem Wechselkurs (Stand April 2015) von rund 1 Euro = 5.000 Guaraní rund 2.930 Euro. In Paraguay ist das übrigens noch immer fast brutto gleich netto, da eine Einkommenssteuer zwar eingeführt ist, aber nur für wirklich sehr hohe Einkommen greift. Vermutlich wird er jedoch, anders als viele andere Angestellte, Krankenversicherung (IPS) abführen müssen. Eine Arbeitslosenversicherung oder ähnliche Dinge gibt es nicht in Paraguay. Auch die einzelnen Bestandteile, aus denen sich sein Gehalt zusammensetzt, wurden in der Zeitung „Ultima Hora" 2014 bekannt gemacht: von den 14 Millionen Guaraníes sind lediglich rund 50 Prozent reines Gehalt; für Repräsentationsaufwendungen (ja, Sie lesen richtig!) erhält er 2,5 Millionen Guaraníes (rund 500 Euro) zusätzlich monatlich, für die Verantwortung, die sein Posten mit sich bringt, nochmals 2,8 Millionen, als Betriebszugehörigkeitszulage 500.000 und für seinen (welchen?) akademischen Grad nochmals 1,2 Millionen. Wer möchte da nicht gern Fotokopierspezialist sein?

Herr Fonseca hat jedoch noch andere Kollegen mit ebenso interessanten Aufgabenbereichen. Der Direktor der Kellner (*director de mozos*), Manuel Gamarra, bekommt jedoch nur ein Monatsgehalt von 10,3 Millionen Guaraníes, also etwa 2.000 Euro. Davon sind 2,8 Millionen ebenfalls Zulage wegen der verantwortungsvollen Tätigkeiten und 500.000 Betriebszugehörigkeitszulage. Einen akademischen Titel, der ebenfalls bezahlt werden könnte, scheint er aber nicht zu haben.

Der Aufzugsverantwortliche der Senatorenkammer, Antolín Alarcón, hat offenbar einen nicht ganz so verantwortungsvollen Posten, denn er erhält monatlich nur knapp 5 Millionen Guaraníes, von denen nur 850.000 als Verantwortungszulage ausgewiesen sind. Aber stellen Sie sich doch einmal vor, dass er auf den falschen Knopf drückt und in dem rund vierstöckigen Haus des Parlaments die Gäste in der falschen Etage aussteigen lässt?! Das könnte ja in eine nationale Katastrophe ausarten!

Quelle: www.senado.gov.py

Noch erstrebenswerter wäre jedoch eine Stelle „ohne Pflichten" (*sin cargo*). Auch dies gibt es im Parlament, ebenfalls sehr gut bezahlt!

Aber keine Sorge – auch einem Arbeitsplatzwechsel steht kein großes Hindernis entgegen: Auch in den beiden großen zweistaatlichen Wasserkraftwerken Itaipú und Yacyretá gibt es solche Positionen. Der dortige Fotokopierspezialist erhält ein monatliches

Grundgehalt von 6 Millionen Guaraníes (rund 1.200 Euro); mit den diversen Zulagen steigt es aber auf rund 12 Millionen. Dabei guckt er jedoch neidisch auf andere Kollegen – verdient doch die Telefonistin mit 17 Millionen Guaraníes (oder 3.200 Euro) mehr als eine vergleichbare Angestellte in Deutschland beispielsweise! Die Feuerwehrmänner in Itaipú halten zwischen 14 und 34 Millionen Guaraníes (fast 7.000 Euro monatlich), der Koch rund 10 Millionen.

Erstrebenswert in Paraguay ist auch der Beruf des Notars (*escribano*). Während ein durchschnittlicher Deutscher vielleicht 2-3 Mal in seinem Leben einen Notar aufsucht, tut dies ein durchschnittlicher Paraguayer gefühlt täglich; ganz sicher aber einmal pro Woche! Für alles und jedes muss man in Paraguay beglaubigte (*autenticado*) Dokumente, vor allem des Personalausweises, einreichen – auch bei einer Bank zur Eröffnung eines Bankkontos. Und natürlich muss gleichzeitig auch der Originalausweis vorgelegt werden. Warum dann nicht eine normale Fotokopie des gleichen Ausweises ausreichend ist, versteht der Ausländer zunächst einmal nicht. Nach Jahren des Lebens in diesem Land, man hat sich langsam daran gewöhnt und trägt immer ein paar autentifizierte, so das eingedeutschte spanische Wort, Kopien mit sich herum, kann die einzig nachvollziehbare Erklärung nur sein:

von irgendetwas müssen die Notare ja leben! Eine einzelne Beglaubigung eines Ausweises kostet zwar nur wenige Euro, aber im Laufe eines Lebens summiert sich das enorm. Und dann gibt es natürlich noch die Fälle, in denen plötzlich Beglaubigungen von Dokumenten auftauchen, die es so gar nicht gibt oder die im Original gar nicht vorgelegen haben können, weil sie an einer anderen Stelle waren.

Es gibt also Notare in Paraguay, die auch Kopien beglaubigen und damit die Echtheit des Dokumentes bestätigen! Vielleicht meinen sie ja nur, die „Echtheit" der vorgelegten Kopie … Leben lässt es sich jedenfalls sehr gut als Notar, ich kenne keinen, der über zu wenig Einkommen klagt...

Und dann war da noch die Website der Regierung, die ob der vielen Ministerien und staatlichen Organisationen etwas mit deren Benennung durcheinander gekommen ist: Neben vielen anderen Behörden gibt es auch die in der Öffentlichkeit sehr bekannte SENACA. Deren Abkürzung steht offiziell für „Servicio Nacional de Calidad y Salud Animal" (Behörde für Qualität und Tiergesundheit) – auf der regierungseigenen Website, wie auch die Abbildung unten zeigt, wird sie allerdings als "Servicio Nacional de Calidad y Salud AMBIENTAL" (etwa "Behörde für Qualität und gesunde Umwelt") aufgeführt...

Warum die Regierung, die über diesen Fehler informiert wurde, auch nach Jahren diesen nicht korrigiert hat, ist unklar. Aber vermutlich fehlt lediglich ein „Direktor für Korrekturen im Internet" oder alle Vettern und Cousinen der Verantwortlichen haben gerade bessere Jobs …

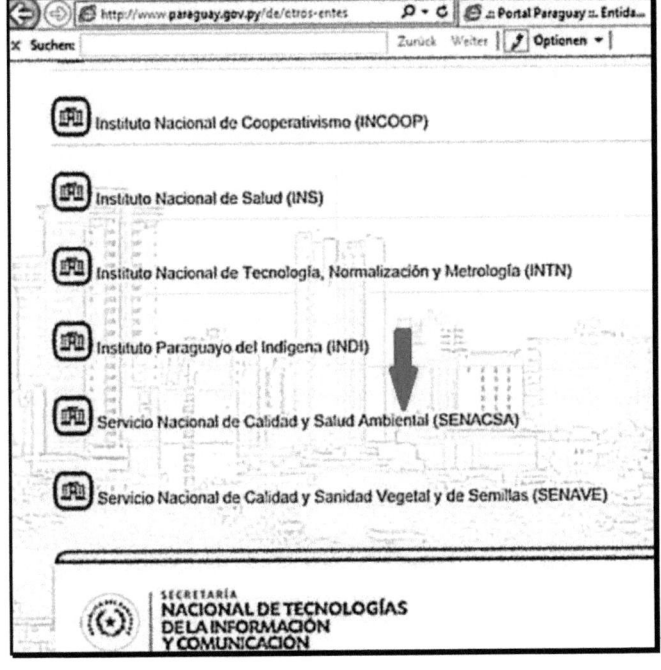

Screenshot von www.paraguay.gov.py

Falls Sie jedoch gerade überlegen, sich auf eine der beschriebenen Stellen zu bewerben, muss ich Sie enttäuschen – wenn Sie nicht gerade Verwandte in den jeweiligen Unternehmen oder Behörden haben, werden Sie sich wohl auf ehrliche Art Ihre Brötchen verdienen müssen.

Anmerkungen: Auch hier beruhen alle Beispiele auf Tatsachen - nachzulesen unter anderem bei: www.ultimahora.com/senado-director-copias-gana-g-14-millones-y-el-mozos-g-10-millones-n814633.html; www.paraguay.gov.py/otros-entes; Teicher (2014): Paraguay – Erfolg ohne Industrie (BOD, Norderstedt).

Personaleinsatz in Paraguay

Steffen Karl

Die Liebe ist so unproblematisch wie ein Fahrzeug. Problematisch sind nur die Lenker, die Fahrgäste und die Straße."

Jeder, der den Versuch unternehmen möge, Kafkas Deutungen und Auslegungen der Welt mit Paraguay in Verbindung zu bringen, wird wohl einige Gemeinsamkeiten - aber auch deutliche Abweichungen feststellen können oder dürfen: aber macht es unsere neue Heimat aus diesem Grunde etwa weniger liebenswert..?

Warum eingangs erwähnter Schriftsteller hingegen dem Fahrer und sogar der Straße eine Teilschuld bei etwaigen Problemen einräumt, könnte er wohl nur selbst beantworten: vielleicht auch aus diesem Grunde lässt sich Paraguays Präsident Cartes tief ins Staatssäckel greifen und investiert derzeit so einiges, um seinem Binnenlande zu teils neuen, teils neu überzogenen/verbreiterten Straßen zu verhelfen.

Handwerkliche Tätigkeiten in Paraguay zeichnen sich noch mehr als in anderen Ländern dadurch aus, dass stets ein Vielfaches als die eigentlich nötigen Arbeiter für eine Tätigkeit eingesetzt werden.

Schon immer haben wir den Kopf geschüttelt, dass hier in Restaurants mit rund 10-20 Sitzplätzen vier Kellner(innen), zwei Kassierer und unzählige Küchenhelfer angestellt sind. Die Kellner bringen nur Speisen und Getränke, bezahlt wird bei einem anderen Mitarbeiter – zumeist einem Familienmitglied des Eigentümers oder bei diesem selbst. Und statt einer

Geschirrspülmaschine wird per Hand gespült. Machen wir in unserem Restaurant in Villarrica übrigens genauso! Warum? Natürlich könnten wir uns einen Geschirrspüler leisten, aber dieser wäre durch die falsche Bedienung der Angestellten meist leider schnell kaputt – das sehen wir schon an der allerdings dennoch nötigen Waschmaschine. Wir kaufen im Durchschnitt nämlich ein bis zwei Waschmaschinen im Jahr. Mal wird sich auf die Tür gelehnt, die dadurch verbiegt und nicht mehr wasserdicht ist, mal wird das Waschpulverfach verstopft, denn nach paraguayischer Meinung „viel hilft viel" – wird eben die 10fache Menge des nötigen Waschmittels eingefüllt. Deshalb kaufen wir keine Geschirrspülmaschine! Es kommt uns billiger, ab und an neues Geschirr nachzukaufen, als ständig eine neue Spülmaschine…

Warum deutsche Mehrfachsteckdosen in Paraguay verboten sind

Kerstin Teicher

Ich lasse den Elektriker in meine Küche eintreten: Ein junger höflicher Mann, der sogar Elektrotechnik an der staatlichen Universität UNA studiert. Wow! Als er dann noch sein Prüfgerät herausholt und mit wissenschaftlich-technischen Methoden bestätigt, was ich schon weiß – in meiner Küche liegt Strom an allen metallenen Flächen an –, bin ich voller Hoffnung ob einer Lösung für mein Problem. Ich bekomme nämlich ständig eine „gewischt", wenn ich metallene Flächen anfasse.

Sofort kennt Juan auch die Lösung des Problems: „Ja, Señora, Ihre Mikrowelle ist ja auch aus Metall…" Grrr. Zu früh gefreut. Ich bleibe freundlich und ruhig und ahne, dass es eine längere Geschichte wird. Ich – ein Elektrolaie – erkläre ihm also, dass ich es keineswegs als normal empfinde, nicht nur bei der Mikrowelle einen leichten Stromschlag zu bekommen, sondern auch an der metallenen Spüle, vom Topf usw.

Plötzlich fällt Juans Blick auf meine aus Deutschland mitgebrachte Mehrfachsteckdose und erklärt mir allen Ernstes: „Solche Mehrfachsteckdosen sind in Paraguay verboten." Ich hole tief Luft und sage, nun schon ein wenig mehr aufgebracht, dass ich es mir nicht ansatzweise vorstellen könne, dass ein TÜV-geprüftes Produkt aus einem hochentwickelten Land wie Deutschland mit über 80 Millionen Einwohnern so gefährliche Elektroartikel vertreibt, dass sie in Paraguay verboten werden müssten.

Juan merkt wohl an meiner Reaktion, dass er nicht so leicht davonkommt und lenkt ein: „Ja, aber im Oktober fällt das Gesetz, dann sind sie ja erlaubt…".

Als paraguayischer Handwerker und Mann DARF er natürlich keinen Fehler zugeben. Ich spiele mit, hilft ja nichts. „Also", sage ich, „woran könnte es denn dann liegen?"

Ja, wissen Sie, Ihre Geräte", so erklärt Juan nun wieder, „haben so einen Schukostecker am Ende. Diese sind geerdet, und das ist in Paraguay schlecht. Wir verwenden nämlich nur nicht geerdete Stecker. Also am besten ist es, wenn Sie die Stecker abschneiden und durch paraguayische Stecker ersetzen!"

Jetzt poltert es wirklich aus mir heraus. Ich weiß natürlich nach Jahren in Paraguay, dass Juan zumindest damit Recht hat, dass die meisten Geräte in Paraguay mit einem Einfachstecker ohne Erdung versehen sind – was aber weder mein Problem löst, noch sonst irgendwie eine tolle technische Errungenschaft der Paraguayer ist. Ich erkläre ihm daher, dass ich ganz sicher nicht meine wunderbar geerdeten Stecker abschneiden werde, weil ich nämlich nicht lebensmüde bin und er sich doch bitte mal schlau machen möge, wie er denn mein Problem löst.

Schließlich, nach mehreren weiteren Runden des Trial-and-Errors, stellt sich heraus, dass in dem Trakt des Hauses überhaupt keine Erdung vorhanden ist und die neu installierte Waschmaschine – die natürlich auch nicht korrekt installiert wurde – nun für dieses Problem sorgt. Ich lasse den Elektriker also Kupferstangen im Erdreich installieren, damit das Haus eine rudimentäre Erdung hat – und prompt kann ich wieder problemlos meine Mikrowelle anfassen!

Beim Herausbegleiten des Elektrikers fällt mein Blick auf eine unter Putz verlegte Steckdosen-/Lichtschalterleiste, die er damals beim Einzug etwas schief angebracht hatte und eigentlich seit zwei Jahren gerade installieren wollte. Spreche ich ihn nochmals drauf an, überlege ich beim Laufen? Nein, lieber nicht, ich weiß ja, was er sagen wird: „Wieso, *Señora*, sie funktioniert doch. Wo ist denn Ihr Problem?"

Bei solchen Gelegenheiten frage ich mich natürlich, ob denn mein deutscher Perfektionismus wirklich sein muss… aber ich finde es einfach schon schön, wenn die Dinge nicht nur irgendwie funktionieren, sondern auch noch zumindest gerade sind! Auch wenn das nicht üblich in Paraguay ist.

Wie man in Paraguay ein Bett kauft

Kerstin Teicher

Eines Tages brauchte ich ein neues Bett für eine Zweitwohnung in Asunción. Es sollte nicht zu teuer sein, daher beschloss ich nach einigen Preiserkundigungen bei den Marktführern, die die in Paraguay beliebten Boxspringbetten verkaufen, bei einem herkömmlichen Schreiner ein einfaches Bettgestell mit Matratze zu nehmen. Im Vergleich zu Deutschland mit billigen Preisen aus Massenproduktion war es für ein Vollholzgestell relativ günstig, und auch die Matratze war schnell ausgesucht, ein einfaches buntes Schaumstoffding, wie es die meisten Paraguayer haben. 200 Euro für eine richtig gute Matratze wollte ich mir sparen. Lieferung am gleichen Tag wurde mir natürlich sofort zugesichert, man müsse nur ins nahe gelegene Lager fahren und die Sachen holen. Vorsichtshalber – ich kenne ja „meine" Paraguayer – erwähnte ich, dass ich um 17 Uhr aus dem Haus müsse und es bis dahin da sein solle. *„No hay problema"* – kein Problem, meint die Verkäuferin, gleichzeitig auch Eigentümerin des Ladens. Also 50 Prozent des Kaufpreises angezahlt, Telefonnummern ausgetauscht und nach Hause gefahren. Endlich nicht mehr auf der dünnen Notmatratze auf dem Fußboden schlafen! Und natürlich war bis 16.50 Uhr niemand aufgetaucht. Anders als Paraguayer, die die Sache auf sich beruhen lassen und einfach warten würden, wann die Matratze kommt, rufe ich an. Es sei schon dunkel, aber morgen kämen sie ganz sicher – ob ich denn den ganzen Tag zu Hause sei...

Am nächsten Tag, wieder ist es kurz vor 17 Uhr, wage ich nachzuhaken. Nachdem ich das Bett nun gekauft habe, will ich auch darin schlafen. Sie seien unterwegs, berichtet mir die Verkäuferin. Und tatsächlich – schon kurze Zeit später kommt das Auto mit Gestell und Matratze. Letztere stinkt so fürchterlich nach Moder, ich lasse sie im Hof stehen zum Auslüften (und kaufe später noch eine Dose *„Desinfectante"*, ein Desinfektionsspray mit frischem Geruch). Die Teile des Bettgestells werden ebenfalls erst einmal ausgeladen, da fällt mir auf, dass es gebraucht ist. Überall Kratzspuren im Holz und total verdreckt. Sag ich etwas oder sag ich nichts?, überlege ich beim Hinausgehen, schließlich ist die Abschlusszahlung fällig. Ich murmele vor mich hin, dass ich nicht sehr happy sei, so schlechte Ware zu erhalten, nachdem ich auch noch hatte darauf warten müssen. Und, oh Wunder, sie bieten mir Ersatzlieferung an! Damit sie aber wirklich wiederkommen, bestehe ich darauf, die Matratze und Lattenrost (ein paar zusammengehämmerte Bretter) da zu lassen. Nach einigen Tagen – das Ersatzbett ist natürlich noch nicht da – ist der Geruch der Matratze dank mehrfachen Einsprühens und Ausklopfens auch so akzeptabel, dass ich darauf schlafen kann. Leider ist die Schaumstoffqualität noch schlechter als erwartet. Aber ich wollte es ja billig, selbst schuld! Bei gutem Wetter stelle ich sie dennoch immer wieder raus in den Hof zum weiteren Auslüften.

In regelmäßigen Abständen von einigen Tagen frage ich im Laden an, wann denn das Bettgestell käme. Jeden Tag gibt es einen anderen Grund: mal konnte man das Gestell nicht finden, man müsse nachbestellen (ein elektronisches oder sonst irgendwie geführtes Inventarverzeichnis gibt es natürlich nicht). Dann war das Auto kaputt... und so weiter. Nach rund zwei Wochen ruft dann ausnahmsweise die Verkäuferin mal mich an! Ich kann es kaum glauben! Das Bett sei jetzt da, sie wären gerade losgefahren... (eine Abstimmung hält sie – natürlich – nicht für notwendig). Ich kann es glücklicherweise einrichten und stelle die Matratze so beiseite, dass das Bett aufgebaut werden kann. Als die beiden Männer kommen, lasse ich sie nach einem kurzen Blick auf das Holz – ja, alles neu! – die Teile nach oben tragen. Ich helfe auch mit. Auf einem der Wege zwischen Auto und Wohnung blicke ich verwundert auf meine Matratze. War diese plötzlich kleiner geworden? Seltsam... Und irgendwie hatte ich die Farbe anders in Erinnerung. Also nachgemessen, und tatsächlich: statt der gekauften 1,20 m war diese Matratze nur 1,00 m breit! Da haben die auf einem der Wege doch heimlich meine Matratze weggenommen und die neue hingestellt, ohne einen Ton zu sagen!

Ich stelle die beiden Männer zur Rede. Ja, so die Erklärung – keine Entschuldigung – es gebe momentan kein Bettgestell von 1,20 m, da hätten sie mir die nagelneue Matratze mitgebracht!

So etwas verstehen Paraguayer unter Service und verstehen die Empörung von Europäerin überhaupt nicht. Ich will aber ein 1,20 m Bett! Hätte ich ein kleineres gewollt, hätte ich es gleich kleiner gekauft! Ich gebe den Männern Bettgestell, Lattenrost und neue Matratze zurück, bestehe auf meiner deodorierten Matratze und – schlafe noch immer auf dem Fußboden!

Nach weiteren zwei Wochen und zahlreichen Diskussionen mit der Verkäuferin, die schon gar nicht mehr liefern will, weil die Fahrtkosten angeblich die Bettkosten übersteigen (ja, ist das denn meine Schuld, dass die falsch liefern??), einsetzendem Sarkasmus meinerseits (den Paraguayer überhaupt nicht verstehen) und zahlreichen, immer stärker werdenden Beschimpfungen wird ein weiterer Liefertermin vereinbart.

Eigentlich schreibe ich mein Geld bereits ab. Die kommen doch nie im Leben. Doch plötzlich, es hupt vor der Tür – die beiden Männer stehen wieder da.

Klingeln gibt es nämlich in den meisten paraguayischen Häusern nicht. Üblicherweise klatscht Besuch mehrmals kurz in die Hände, um sein Kommen anzukündigen.

Meine Matratze habe ich vorsichtshalber im Bad versteckt, damit sie nicht wieder auf Wanderschaft geht... Diesmal messe ich das Kopfteil des Bettes sofort aus – tatsächlich 1,20 m! Misstrauisch beäuge ich die anderen Teile – tatsächlich neu! Ein etwas anderes Design als eigentlich gekauft, aber das ist mir inzwischen egal...

Und endlich – vier Wochen nach dem Kauf mit der „sofortigen Lieferung" – schlafe ich in meinem neuen Bett!

Anleitung für den Geschäftserfolg in Paraguay

Kerstin Teicher

Wählen Sie zuerst einen richtig komplizierten mehrteiligen Namen für ihre Firma aus und bilden Sie dann ein Akronym aus den jeweiligen ersten beiden Anfangsbuchstaben. Da Sie sich ansonsten auch am Markt nicht differenzieren wollen, sollten Sie das schon gar nicht beim Namen falsch machen. Beliebt sind Firmennamen wie COOFEDELMO (Cooperativa Fernando de la Mora Ltda.) oder SEGESA (Seguro Nacional S.A.).

Bei der Preisgestaltung Ihrer Produkte beachten Sie unbedingt, dass größere Verpackungseinheiten teurer sind als die gleiche Menge kleinerer Verpackungseinheiten und bewerben Sie dies entsprechend mit dem Wort „Oferta". Beispiel: Einen Apfel für 1.000 Guaraníes, fünf Äpfel nur 6.000 Guaraníes! Ihr Kunde wird es in 99 Prozent der Fälle nicht merken - versprochen!

Das funktioniert auch bei Verpackungen nach Gewicht – kürzlich im Supermarkt gesehen: Eine Yerbapackung für 250 g kostete 4.500 Guaraníes, die von der gleichen Marke zu 500 g aber 9.200 Guaraníes. Der Vorteil der großen Packung ist natürlich, dass die Kräuter schneller an Aroma verlieren, deshalb ist sie auch teurer.

Links der Preis für 250 g, rechts der Preis für 500 g der gleichen Sorte Yerba im Supermarkt (2015)

Falls Sie Lebensmittel produzieren, vergessen Sie die Inhaltsstoff-Deklaration – die liest sowieso keiner!

Aufpassen sollten Sie, wenn Sie Rabatte vergeben, dass Sie sich nicht ruinieren. So erging es gerade neulich einer Bank, die ihren Kunden mit der hauseigenen Kreditkarte versprach: „Sparen Sie 67 Prozent Ihrer wöchentlichen Ausgaben" (*Cómo ahorrar cada semana el 67% de sus gastos*) und dem Werbeprospekt sieben Gutscheine beifügte (fünf zu 10% auf eine bestimmte Dienstleistung, eine zu 12% und eine zu 5%).

Stellen Sie sich das Drama vor, wenn Sie da als Unternehmer 11 Gutscheine zu je 10 Prozent Rabatt auf 11 Ihrer Produkte oder Services geben. Dann müssen Sie den Kunden ja 10 Prozent ihrer Ausgaben BEZAHLEN!

Wenn Sie hochpreisige Produkte anbieten, achten Sie darauf, dass der Verkaufspreis ein Ratenzahlungspreis ist, der in Summe der Raten in der Regel bei 200 Prozent des eigentlichen Barzahlungspreises liegt.

Vermarkten Sie Ihre Produkte zusätzlich marketingtechnisch mit einer schönen Garantie – geben Sie beispielsweise zwei Jahre Garantie auf Elektroprodukte. Wenn dann ein Kunde anruft, weil sein Gerät kaputt gegangen ist, erläutern Sie ihm zunächst, dass sein Fall nicht unter die Garantie fällt, weil der Mitarbeiter, der die Garantie versprochen hat, nicht mehr bei Ihnen arbeitet. Kann der Kunde dann doch eine schriftliche Bestätigung der Garantie vorlegen, dann behaupten Sie einfach, der Mitarbeiter habe damals dazu das Recht gar nicht gehabt, eine solche Garantie zu geben. Wenn das in Ihrem Fall nicht funktioniert, dann bitten Sie den Kunden, das Gerät vorbeizubringen und versichern Sie ihm, dass das Gerät spätestens morgen (siehe Wörterbuch „*manaña*") geprüft würde. Spätestens dann weiß der paraguayische Kunde, dass er besser ein neues Gerät kaufen sollte. Und wenn es ein penetranter ausländischer Kunde ist (die Deutschen sind hier besonders auffällig), dann behaupten Sie, bei Ihnen funktioniere das Gerät wunderbar, es läge an seiner TÜV-geprüften Mehrfachsteckdose, der Bedienung oder woran auch immer.

Auch bei Mitarbeitern kann man viele Fehler machen, die Sie unbedingt vermeiden sollten: Bei der Einstellung neuen Personals achten Sie vor allem darauf, Mitarbeiter nicht nach Kompetenz oder Erfahrung einzustellen, sondern nach ihrem „Vitamin-B-Faktor". Ihre Mitarbeiter sollten unbedingt Tochter, Sohn, Nichte oder Neffe eines bekannten Paraguayers sein.

Stellen Sie mehrere Mitarbeiter für die Buchhaltung ein und führen Sie weder Buchhaltung noch Personalwesen elektronisch. Papierablage sieht viel dekorativer aus!

Und überhaupt wozu wollen Sie ein Controlling machen? Ihre Preise sind doch hoffentlich ohnehin so hoch, dass sie eine Marge von mindestens 40 Prozent haben. Sonst würden Sie Ihr Geld doch viel besser bei einer der Banken zu 15 Prozent Zinsen und mehr anlegen. Und die Steuer tricksen Sie am besten auch dadurch aus, eine doppelte Buchhaltung zu führen – eine offizielle und eine inoffizielle!

Auch in Ihrer Firma vermeiden Sie bitte die Ausstellung von Rechnungen für die Kunden. Und wenn ein Kunde einmal unbedingt eine Rechnung haben möchte, dann schlagen Sie mindestens 10% auf den Endbetrag drauf – mehr natürlich, wenn er auch noch mit einer digital nachvollziehbaren Kredit- oder EC-Karte bezahlen möchte! Falls Sie doch einen Computer für Ihre Firma anschaffen, dann kaufen Sie auf keinen Fall die Software dafür – diese können Sie sich einfach von einem Kumpel kopieren lassen!

Die Mitarbeiter für die Buchhaltung benötigen Sie dennoch unbedingt, denn Sie machen die Gehaltsabrechnung und -auszahlung am Monatsende natürlich manuell und vor allem bar! Dies gilt ebenso für die Rechnungstellung und -bezahlung. Vergessen Sie Lastschriften und Überweisungen! Wozu einfach, wenn es auch kompliziert geht. Zur Not geht der Chef halt selbst zur Telefon- und Stromgesellschaft, um die monatlichen Rechnungen bar zu bezahlen. Und da ihre Mitarbeiter ohnehin nicht über ein Bankkonto verfügen, könnten Sie sowieso die Gehälter nicht überweisen. Banken dienen nämlich nach einhelliger Meinung nur zur Kreditvergabe, nicht etwa für Girokontenführung oder ähnliches.

Um in Paraguay geschäftlich erfolgreich zu sein, sollten Sie unbedingt auf eine Firmen-Homepage verzichten! Legen Sie nur ein Facebook-Profil an, denn die meisten Internetnutzer – und das sind ohnehin nur rund 25 Prozent der Bevölkerung setzt Facebook mit dem Internet gleich.

Für den Fall, dass Sie rechtlichen Beistand benötigen, gehen Sie zunächst zur Polizei und geben jedem Beamten offen sichtbar mindestens 100.000 Guaraníes für ihre Geduld, sich des Falles anzunehmen. Dann erkundigen Sie sich, welcher Richter für den Fall zuständig ist, ob Ihr ausgesuchter Anwalt diesem freundschaftlich verbunden ist und wie hoch der Preis ist, den Fall „schnell" – oder vielleicht auch besonders langsam – zu lösen.

Von Indianern und Jesuiten

Beate Pesch

Vor einigen Jahren fand im brasilianischen Foz do Iguacu ein internationaler Kongress statt, bei dem neben Englisch auch Portugiesisch gesprochen werden durfte. Für die im Portugiesischen weniger sattelfesten Vorsitzenden der jeweiligen Sitzungen eine wahre Herausforderung, insbesondere wenn die Brasilianer in einen verbalen Disput gerieten.

Anschließend wollten meine deutschen Kollegen unbedingt nach Paraguay fahren, mit einem Abstecher über Argentinien, denn wenn man schon eine weite Reise tut, dann sollte gleich noch das Umfeld erkundet werden. Also auf nach Trinidad in Itapúa, Paraguay. Das letzte Stück kann man stilecht auch mit dem Trinidense fahren, einem Bus, der stolz den Mercedes-Stern auf seiner 50jährigen Karosse trägt. Er fährt von Obligado zum einzigen UNESCO-Weltkulturerbe von Paraguay, den Ruinen der Jesuitenbauten in Trinidad, allerdings nicht gleich noch zu den nahegelegenen und ebenfalls eindrucksvollen Ruinen nach Jesús. Da muss man dann sehen, wie man dahin kommt.

Die Staatsgrenze zu Argentinien verläuft in dieser Gegend mitten im Río Paraná, einem der größten Flüsse Südamerikas, jedenfalls ist er wesentlich länger und breiter als Väterchen Rhein. Er trennt Trinidad von San Ignacio Mini, dem argentinischen UNESCO-Weltkulturerbe in der Provinz Misiones. Diese Region gehörte früher einmal zu Paraguay, musste aber nach dem unseligen und verlustreichen Triple-Allianz-Krieg an Argentinien abgetreten werden. Beide Jesuitenreduktionen waren historisch über den Tape Tuja verbunden, einer Art „Jakobsweg" in dieser Region, der aktuell wiederbelebt wird. Eine Fähre über den Paraná soll beide Kulturstätten verbinden. Zum Zeitpunkt unserer Konferenz gab es die aber noch nicht, und so sind wir im großen Bogen über das argentinische Posadas, mit einem Abstecher in das Sumpfgebiet Esteros del Ibera, in Trinidad gelandet.

Dort standen wir vor einem logistischen Problem: Wohin mit all den Mitreisenden, denn mein Haus in Paraguay hat nur eine begrenzte Zahl an Zimmern. Herrn Professor A. mit Gattin quartierte ich in meinem Schlafzimmer ein, Herrn Dr. B. mit Eheweib im

Gästezimmer. Übrig blieben ein junger Kollege, frisch verheiratet, und meine Wenigkeit. Mein Nachbar bot uns freigiebig ein Doppelzimmer an, worauf umgehend die Farbe aus dem Gesicht des Frischverheirateten verschwand. Ich schlief daraufhin auf meinem Sofa. Der nächtliche Weg zum Bad ging allerdings an Schlafenden vorbei, worauf ich leise die Wiese bevorzugte, spärlichst bekleidet. Brav schaltete sich das Flutlicht ein, um den vermeintlichen Einbrecher zu vertreiben. Vor Schreck rannte ich um die nächste Ecke, aber da tat dann die nächste Birne ihren Dienst. Der Schaulauf war übrigens das Thema des nächsten Kongresses, jedenfalls zu vorgerückter Stunde.

Und dann ab in die Ruinen der Reducción. Lange Zeit wunderte ich mich über das Wort „*reducción*" für diese Jesuitensiedlungen. Ich konnte mir kaum erklären, wie dieser im 17. Jahrhundert gegründete „Musikstaat" rund 160 Jahre lang die Guaraní-Indianer nicht nur vor den Sklavenhändlern bewahrt hat, sondern mit diesen ein prosperierendes Gemeinwesen auf die Beine stellen konnte. Vielleicht haben Sie den Film „Mission" mit Robert de Niro gesehen, der zeigt, wie die Jesuiten mit ihrer Musik die Indianer aus dem Wald gelockt haben. Die Indianer kamen also aus den Wäldern in die neu angelegten Siedlungen, als „Zusammenführung" oder „*reducción*", und haben von den Jesuiten Ackerbau, Handwerk und selbst Lesen und Schreiben gelernt. Auch wenn es verschiedene Auffassungen über diese Missionierung gibt, haben Jesuiten mit Indianern friedlich zusammengelebt. Das „Experiment Jesuitenstaat" kann man als Thema von philosophischen Arbeiten im Internet nachlesen. Das Wort „Staat" ist etwas übertrieben, denn es gab dort weder Regierung noch sonstige Beamte. Allerdings sorgte die Strenge des Ordens für eine Ordnung, die nicht nur auf Kirchenliedern aufbaute. Ein Pater war in seiner Reducción zwar Seelsorger, aber auch so was wie ein Guaraní-sprechendes Allround-Talent, von der Krankenpflege bis zur Aufführung von Opern.

Während in Brasilien Großgrundbesitzer mit Sklaven die Kolonialisierung betrieben, waren es hier nur jeweils zwei Jesuiten, die mit bis zu 4000 freien Indianern zusammenlebten. Die wirtschaftliche Basis bildete eine ausreichende Versorgung mit Nahrungsmitteln, die geistige Basis die Musik. Es war eine Art Urkommunismus, der ohne Geld, mit gerechter Gleichverteilung und einer Art Vollversorgung funktionierte. In der fruchtbaren Landschaft konnten die Jesuiten große Rinderherden halten und so den Indianern weitaus mehr Fleisch zuteilen, als sie sich vorher mit Pfeil und Bogen erjagen konnten. Am 22. Juli 1767 wurden alle Missionare verhaftet und verschleppt. Aus Sicht der spanischen Krone war der Jesuitenstaat zu reich und selbständig geworden. Als Grundlage für den Wohlstand dieser erfolgreichen Symbiose von Jesuiten und Indianern wurden Goldfunde vermutet. Die enttäuschten Soldaten haben die Gefangennahme der Jesuiten mit ziemlicher Grausamkeit vollzogen – denn sie fanden weder Gold noch andere Schätze. Der „Schatz" war lediglich ein hoch entwickeltes Gemeinwesen. Die danach eingesetzten weltlichen Verwaltungsbeamten haben sich umgehend bereichert und den Rest kann man sich dann denken.

Was aber machen die noch im Wald lebenden Indianer heute? Zwischenzeitlich ist auch das Informationszeitalter in manche Indianerhütte eingezogen: auf dem gestampften Erdboden steht der Fernseher. Allerdings dürften diese Indianer heute schlechter lesen und schreiben als zu Zeiten der Jesuiten. Also auf in ein Indianerreservat mit unseren deutschen Wissenschaftlern! An der Straße von Pirapo nach Fram liegt so ein Reservat, in dem einige Mbya-Indianer leben. Weiße heißen in deren Sprache übrigens *Jurua*, was „bärtiger Mund" bedeuten soll. Zwar hatte keiner von uns einen Bart, aber einen Rucksack mit Gastgeschenken. Ich hatte vorab schon, noch in Deutschland, diesen Ausflug vorgeschlagen und gebeten, jeder solle bitte etwas Nützliches mitnehmen. So hatte ich beispielsweise Lebensmittel in den Rucksack gepackt.

Unter all den nützlichen Sachen einiger Mitreisender, die die paraguayischen Verhältnisse mit den staubigen Hütten und Wegen natürlich nicht so gewöhnt sind, waren auch schneeweiße Hemden. Diese hatten die Gattinnen für die Waldindianer noch extra gestärkt und gebügelt! Die Mbya-Sprache gehört zur Guaraní-Familie. Sie sollen aber auch noch eine "Feiertagssprache" haben, schöne Worte, die beispielsweise nur bei Zeremonien verwendet werden.

Vielleicht haben sie diese Worte als Dank für die schneeweißen Hemden in ihren auf Sand gebauten Hütten gebraucht?

Karikatur von Jorge Pavon

Währenddessen in Villarrica

Kerstin Teicher

Wie in vielen Ländern auf der Welt gibt es auch in Paraguay Witze bzw. Spötteleien über bestimmte Bevölkerungsgruppen. Während es in Deutschland beispielsweise die Ostfriesenwitze sind, so sind es in Paraguay Witze über Menschen in Villarrica, der Hauptstadt des Departments Guairá, etwa 180 Kilometer von der Landeshauptstadt Asunción entfernt. Ihnen wird nachgesagt, viele Dinge des alltäglichen Lebens verkehrt herum zu machen.

Die Bewohner von Guairá werden als „*Guairenos*" bezeichnet. In der zweiten Amtssprache Paraguays, dem Guaraní, gibt es dafür das Adjektiv „*gua'i*". Eingebürgert hat sich nun aufgrund der Witze über diese Bevölkerungsgruppe die Substantivierung „*Gua'i*" als Bezeichnung für „Personen, die Dinge mit vorwiegend unorthodoxen Methoden verkehrt herum machen".

Beispiele:

> Wie desinfizieren die Leute in Villarrica ihr Wasser? – Sie werfen es aus dem 3. Stock, um die Keime abzutöten.
>
> Ein Villarricaner schimpft mit seinem Motorrad: Spring an! Ich sag Dir, spring endlich an! Was, Du willst nicht anspringen? OK, solange Du nicht anspringst, bekommst Du auch kein Benzin von mir!

In den letzten Jahren kursieren Fotos in hoher Zahl und nahezu täglich über Whats App oder Facebook von neuen Absonderlichkeiten der Einwohner Villarricas.

Bekannt sind die Postings mit dem Titel „*mientras tanto en Villarrica*" (auf Deutsch etwa: „währenddessen in Villarrica"). Dabei gibt es Fotos von „echten" Irrtümern, sei es, dass vor einem Regierungsgebäude die rot-blau-weiße Landesflagge verkehrt herum (blau oben) aufgehängt dokumentiert wird oder ein Passagier eines lokalen Busses mit aufgespanntem Regenschirm gesichtet wird. Zunehmend tauchen aber natürlich auch gestellte Fotos auf.

Wortwitz – wie im unteren Beispiel - spielt dabei auch eine große Rolle.

Alle Karikaturen in diesem Kapitel von Jorge Pavon

Zusammenleben mit einem Paraguayer

Rafaela Aguilera

1. Wir Deutschen sind gar nicht so kalt wie immer angenommen und sind durchaus kompatibel mit heißblütigen Paraguayern
2. Es dürfen durchaus Sätze wie: "Ich kann nicht ohne dich leben" oder "Du bist alles für mich" benutzt werden, ohne für verrückt erklärt zu werden
3. Ständiger Körperkontakt erwünscht
4. Kleine Eifersuchtsdramen sind durchaus erlaubt und erhöhen die Spannung
5. Was ich heute kann besorgen, das verschieb ich meist auf morgen
6. Wenn einem mal wieder Handtücher oder Teller im Haus fehlen, muss man die nicht kaufen, sondern findet sie meist auch im Haus der Mutter.

Zitat: "Wenn wir schon mal hier sind, was könnten wir noch mitnehmen?"

7. Die schwäbische Sparsamkeit wird völlig überschätzt: Das Geld muss nicht unbedingt bis zum Ende des Monats reichen, man kann sich auch einfach neues Geld leihen

8. Man muss immer Geld übrig haben, um mit Freunden ein Bier trinken gehen zu können

9. Man wird eindeutig dicker, wenn man oft zusammen kocht

10. Wenn man erst ein langweiliges Pärchen geworden ist, braucht man unbedingt Pärchenfreunde, die genauso langweilig sind, wie man selber.

Anmerkung: Die Autorin ist heute mit diesem Paraguayer verheiratet; sie bekommen in Kürze ihr erstes gemeinsames Kind

Allgemeine Regeln für Paraguay

Irene Reinhold, Kerstin Teicher

1. **Das Haus**

   Ein typisch paraguayisches Haus bzw. *Quinta* (Wochenendhaus) gehobener Qualität hat rund 20 Schlafzimmer mit ebenso vielen Badezimmern und Kfz-Stellplätze. Darüber hinaus gibt es ein *„Comedor familiar"* (Familienesszimmer) und ein *„Comedor social"* (Gäste-Esszimmer), ebenso wie ein *„Estar familiar"* (Familienwohnzimmer) und ein – Sie haben es bestimmt erraten – ein *„Estar social"* (Gästewohnzimmer). Erkennbar ist das Gästewohnzimmer fast immer daran, dass das Gäste-WC (*Baño social*) direkt an dieses anschließt, damit derjenige Gast, der ein dringendes Bedürfnis hat, nichts von den Gesprächen im Wohnzimmer verpasst... oder war es anders herum?

Sie wissen auch, dass Sie in einem typisch paraguayischen Haus wohnen, wenn es durch das Dach regnet. Also eigentlich immer.

2. **Croquis**

In vielen Orten in Paraguay gibt es keine Straßennamen, und auch in Asunción und anderen größeren Städten haben kleine Straßen häufig keine Namen. Wohl aber gibt es Referenzpunkte, die halbwegs Ortskundigen die Möglichkeit geben, ab einem solchen mit Hilfe von Meterangaben, Fingerzeigen oder auch groben Skizzen die Laufrichtung zum Ziel zu erraten. "Von der Geburtsklinik "xy" zwei Blöcke nach rechts, am abgesägten Baum vorbei und dann ist es gleich neben der Ecke mit dem Tante-Emma-Laden." Solche Adressangaben sind durchaus auch in offiziellem Gebrauch auf amtlichen Dokumenten oder zum Beispiel auf der Rechnung der Stromgesellschaft ANDE oder für Postboten.

Oft muss man diese „*croquis*" genannte „Anreisebeschreibungen" schon direkt bei Vertragsabschluss bei der Telefon-, Strom- oder sonstigen Firma mit einreichen (hierfür gibt es in zahlreichen Firmen schon mit Kästchen vorgezeichnete Formulare).

Die folgende Abbildung zeigt eine solche Beschreibung der staatlichen Stromgesellschaft ANDE: „Straße Compania Pindoty, 500 m von der kleinen Kapelle entfernt".

```
Dirección AD...:SIN NOMBRE 6003... DE ELECT
...RICIDAD ADMIN NUEVA ITALIA...IONAL DE ELECT
...COMPAÑIA PINDOTY A 500 MTS DE LA CAPILLA
```

Siehe auch im Kapitel „Wörterbuch" die Einträge "*a tres cuadras*" oder "*acá cerquita*".

3. Der Nachbar

Der Nachbar in Paraguay kommt eigentlich nur im Plural vor, da es quasi keine Singlehaushalte in Paraguay gibt. Meist hört man an der lauten Musik auch, dass die Nachbarn zu Hause sind. Paraguayer hören üblicherweise immer Musik und immer laut.

Ein Bekannter sagte mir einmal, dass in anderen Ländern Verstärker bis zu einer Stärke von 11 erlaubt seien, die Paraguayer aber Lautsprecher für bis zu 50 benutzen. Bei uns im Garten merkten wir am Fehlen der ohrenbetäubenden Musik unserer Nachbarn, dass wohl wieder einmal der Strom ausgefallen war.

4. Selbstmörderdusche

Vom Aussterben bedroht sind in Paraguay mittlerweile diese von Ausländern auch „Selbstmörderduschen" genannten, nach dem Tauchsiederkonzept funktionierenden Duschen.

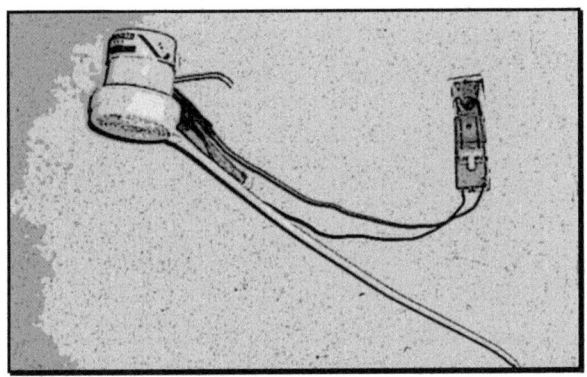

Dabei ist der Duschkopf mit einem dünnen Schlauch (weiß) für den Wasserzulauf und zwei spärlich isolierten Kabeln und einem Starkstromschalter (250 Volt) verbunden. Sie sehen auf dem Bild nicht den sich darunter befindlichen nackten Menschen, der, in einer Pfütze stehend, im nächsten Moment den Schalter umkippen und duschen wird. Er lebt noch, die anderen Millionen Paraguayer, die dies noch immer täglich tun, auch.

5. **Suchen Sie sich ein Hobby, für das Sie keinen Strom benötigen!**

   Stromausfälle sind häufig in Paraguay, und man merkt erst, wie abhängig man von Strom ist, wenn man keinen hat. Angekommen in Paraguay sind Sie, wenn Sie bei Stromausfall keine Miene verziehen, sondern ihre angefangene Tätigkeit einfach ohne zu Stocken fortsetzen.

   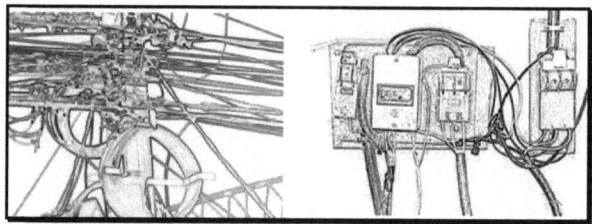

   Die Gründe für die Stromausfälle sind neben „Stromumleitungen" ohne Bezahlung so vielfältig wie die Verkabelungsphantasie der paraguayischen Elektriker reicht

6. **Pünktlich ist zu früh**

   Wenn Sie zu einer Feier um 20 Uhr eingeladen werden, dann sollten Sie nicht nur auf keinen Fall schon um 20 Uhr auftauchen, sondern auch frühestens um 23 Uhr mit dem Abendessen rechnen. Auch bei einem Businessmeeting gilt: eine Verspätung von rund 15 Minuten muss nicht einmal angekündigt werden.

Achtung: Sind Sie zu einer Feier im kleinen Kreis eingeladen, handelt es sich in der Regel um mindestens 70 Gäste!

13. DVDs und CDs

DVDs und CDs bekommt man fast gar nicht im Original in offiziellen Geschäften zu kaufen. Im Normalfall wendet man sich vertrauensvoll an den fliegenden Händler am Straßenrand, der aus den vielen selbstgebrannten CDs und DVDs ganz sicher auch die gewünschte Scheibe für Sie als Kunden hat. Garantiert handgemacht!

7. Geld verleihen

Verleihen Sie nie mehr Geld als Sie auch verschenken würden. Die Chancen, es zurückzubekommen, sind äußerst gering und die Bitte darum verhallt in völligem Unverständnis. An dieser Stelle ein paraguayischer Satz für Fortgeschrittene: "*Prestáme 100.000 Guaraníes y mañana te los traigo*" - "Leih mir 100.000 Guaraní und ich geb sie dir morgen zurück!" (Siehe auch "*mañana*").

Als Paraguayer in Deutschland

Sonia Riquelme

An einem regnerischen Sonntagmorgen war ich wie viele Paraguayer etwas spät dran: Zwei Freundinnen halfen mir beim Kampf mit meinem widerspenstigen Haar, damit ich zu diesem wichtigen Tag – meinem ersten Flug mit einem Flugzeug, und dann auch noch in das weite Deutschland – präsentabel aussähe.

Schließlich aber waren wir alle fertig und in einer Karawane mit zwei Fahrzeugen und über zehn Personen (sic!), die mich verabschieden würden, fuhren wir zum Flughafen nach Asunción. Natürlich war ich mit meinen 34 Jahren als beruflicher Profi im Umgang auch mit ausländischen Kunden schon auf dem Flughafen gewesen, aber als es darum ging, selbst einzuchecken, merkte ich erst, wie kompliziert das ist: schon beim Anblick der langen Schlange vor dem Check in fiel ich fast in Ohnmacht. Und dann kam noch ein Flughafenangestellter, schaute sich unsere

Tickets an und schickte uns mit den Worten, wir seien fälschlicherweise in der Schlange für Business und Erste Klasse in die viermal längere Schlange für Economy-Reisende! Dies sollte nicht unsere letzte Lektion in Sachen internationaler Regeln sein, im Gegenteil!

Als wir in Sao Paulo landeten, nach dem allerersten Flug unseres Lebens überhaupt, waren wir beeindruckt von der Größe des Flugzeugs, davon, wie klein die Dinge auf der Erde plötzlich wirkten – und unser Speicherchip zum Fotografieren war auch schon fast so voll wie der Akku des Telefons leer war. Meine Sorge, ob man auf einem Flughafen das Handy aufladen könne, war unbegründet. Die Sitze im Wartebereich hatten nicht nur an jedem Platz eine Steckdose – nein, manche hatten sogar fünf Steckplätze! Und anders als in Asunción gab es nicht nur fünf verschiedene Abfluggates – von denen ohnehin immer nur eines oder zwei in Betrieb sind – nein, der Flughafen Guarulos in Sao Paulo hat über 50! So etwas Riesiges kannte ich nur aus dem Fernsehen und hatte es immer für übertrieben gehalten!

Das Flugzeug, das uns dann nach Frankfurt flog, war nicht nur noch größer und noch schöner, sondern ich hatte sogar an meinem Sitzplatz einen kleinen Fernseher ganz für mich allein – wow! Allerdings nutzten mir von nun an meine beiden Sprachen, derer ich mächtig bin, nicht mehr: Weder Spanisch noch Guaraní wurden fortan gesprochen. Hilfe!

Welche Emotion, als wir erst in Frankfurt landeten. Dank meines mitreisenden Mannes fanden wir dann sogar das Gate für unseren Weiterflug nach Berlin. Und nun waren wir schon Profis – immerhin unser 3. Flug in einem Flugzeug.

Angekommen in Berlin traf uns die Eiseskälte. Im Januar ist es in Paraguay Hochsommer, in Deutschland auf der Nordhalbkugel jedoch kältester Winter. Aber was für ein Gefühl, ich fühlte mich wie im Himmel. Natürlich fotografierten wir weiter wie die Wilden.

Und BERLIN? Eine überwältigende Stadt, nur ein paar Beispiele der Erfahrung meines Lebens:

1. Wo sind die Polizisten? Aus Asunción bin ich es gewöhnt, alle paar Meter Polizisten zu sehen, hier brauchte ich mehrere Tage, bis ich endlich einen fand! Die Menschen in Berlin scheinen echt zivilisierter zu sein…

2. Handy und Handtasche verstecken? Nein, warum auch? Man kann in Berlin sein Handy und seine Handtasche ganz frei herumtragen, auch die Kamera, es gibt ja kaum Diebe oder Räuber!

3. Alles ist SAUBER: Angefangen von Mülleimern, getrennt nach Material, die einem anzeigen, welche Art Müll man da hineinwerfen darf. Es liegt auch kein Plastikmüll auf den Straßen – ein Traum für uns Latinos!
4. Verkehrsmittel: Was für eine Auswahl! Paraguay hat als öffentliche Verkehrsmittel nur Busse; eine Bahn oder U-Bahn gibt es auch in der Hauptstadt nicht. Und hier: U-Bahn, S-Bahn, Tram, Schnellzug, Bus ... und es gibt alles – unglaublich! Alles organisiert, überall hängen Pläne, Hinweise, Namen, alles sauber. Man kann sich nicht verlieren und die grundlegenden Regeln kann man schnell lernen. Und an jeder Station teilt einem eine freundliche Stimme mit, welches die nächste Station ist. „Zoologischer Garten" haben wir während unseres Aufenthaltes so oft gehört, dass wir davon geträumt haben! Und ganz Berlin kann man mit einem einzigen Ticket befahren! In Paraguay muss man wegen der privaten Busgesellschaften bei jedem Umsteigen neu bezahlen, und Monatskarten gibt es auch nicht. Auch fährt nahezu jeder hier völlig unbefangen mit öffentlichen Verkehrsmitteln .... Egal, ob in die Oper, zur Arbeit oder zu einem privaten Treffen. In Paraguay fährt jeder Auto, der es sich leisten kann.

5. „Sonia, geh vom Radweg runter" hörte ich fast jeden Tag. Da ich stets nach oben schaute, um all die großartigen Gebäude anzuschauen und es so viel zu sehen gab, vergaß ich immer wieder, dass diese roten Wege für Radfahrer reserviert sind.
6. „Lebst Du noch?" war ein anderer oft gebrauchter Spruch meiner Gastgeberin. Ich konnte einfach nicht von der lateinamerikanischen Sitte lassen, Jahrhunderte im Bad zu verbringen und dabei Unmengen Wasser zu verbrauchen – zumal es auch eine Badewanne gab; ein Luxus, den es in Paraguay nur in ganz großen Villen gibt. Für die Deutschen scheint dies jedoch sehr normal zu sein. Allerdings sorgen sie sich oft über den Wasserverbrauch, da die Kosten für Wasser (und sogar Abwasserkosten gibt es!) sehr hoch sind. In Paraguay kostet Wasser hingegen fast nichts.
7. Auf der Straße unterwegs und auf das WC? Die lateinamerikanische Sitte, einfach in das nächste Lokal zu gehen und zu bitten, das Örtchen benutzen zu dürfen, funktioniert in Deutschland nicht. Dafür gibt es hier „City Toiletten"! Wow! Da benutzt man Geldmünzen, um eintreten und ein super sauberes WC benutzen zu dürfen. Aber, Achtung: man muss warten, bis sich das WC buchstäblich von allein reinigt (spült) und es gibt Sen-

soren für Seife, Wasser und auch einen Trockner! Aber man darf maximal 20 Minuten drauf bleiben – dann öffnet sich die Tür nämlich automatisch wieder, egal ob man fertig ist oder nicht...

8. Zucker, Yerba und Kaffee: Durch unsere übertriebene Sitte der Latinos, Terere und – es war ja Winter – Mate zu trinken, verbrauchten wir die Vorräte an Yerba-Kräutern unserer Gastgeberin innerhalb unseres zweiwöchigen Aufenthaltes komplett, und auch der Zucker war nach uns alle. Die deutsche Gewohnheit, Kaffee auch ohne Zucker zu trinken, habe ich jedoch bis zum Schluss nicht wirklich verstanden – zumal sie ihn sehr stark trinken. Meine Entdeckung, dass man in der Kaffeepad-Maschine die Pads auch zweimal benutzen kann und der Kaffee dann etwas milder schmeckt, brachte mir nur ein ungläubiges Stirnrunzeln meiner Gastgeberin ein.

9. Die Deutschen trinken kaum Coca Cola! Während kein Paraguayer ein Barbecue (*Asado*) ohne Coca Cola machen kann – und auch zu Hamburgern gehört Coca Cola, und zu Empanadas, und... -, gibt es in Deutschland so viel Auswahl an Getränken wie Bier, Saft, Wasser ,so viel Wasser, Wein, Likör … und keiner trinkt Coca Cola. Aber vielleicht auch, weil die Cola unterwegs an

den Ständen schnell für 500 ml zwei Euro kosten kann – das sind 12.000 Guaraníes! Obwohl ... Überraschung ... in Berlin bringt man Plastikflaschen zurück in den Laden in eine Tauschmaschine und die gibt Dir einen Teil des Kaufpreises zurück ... genial! Meine Idee, beim nächsten Deutschlandbesuch ein paar leere Plastikflaschen im Koffer aus Paraguay mitzubringen, scheint jedoch daran zu scheitern, dass die Maschinen die auf die Flaschen gedruckten Barcodes lesen und einem dann kein Geld geben – wie schade!

10. Umtausch: Beim Shoppen, das wir auch ausgiebig in Berlin betrieben haben (es gibt sooo tolle Sachen und so günstig!), fand ich eine Weste für meine große Tochter. Ich kaufte sie, weil ich dachte, dass ich bestimmt nicht besseres finden würde. Aber danach fand ich eine noch schönere! Als meine Gastgeberin sofort sagte „Kein Problem, dann tauschen wir halt die erste um", dachte ich „was für ein Umstand, dann müssen wir dahin und betteln, dass man die Ware zurücknimmt" – in Paraguay ist schon ein simpler Umtausch ohne Geldrückgabe sehr kompliziert zu erreichen. Es gibt viele Regeln und man kann Waren überhaupt nur in einem sehr kleinen Zeitfenster, meist wenige Stunden, zurückgeben, von einer Rückgabe

und Gelderstattung ganz abgesehen! Aber in Berlin ist das sehr wohl möglich. Man bringt einfach das unbenutzte Produkt zurück und muss nicht einmal großartig erklären, warum man es nicht mehr haben möchte. Man erhält einfach ohne Probleme das Geld zurück!

Wow – jetzt verstehe ich, was Kundenservice heißt!

11. Die Deutschen PLANEN ALLES – alles ist vorausgeplant und mit viel Puffer, nichts geschieht zufällig. In meinem Land bedeutet, an die Zukunft zu denken lediglich die Planung für Essen am nächsten Tag. In Deutschland plant man schon für die Ausbildung im Jahr 2064! Das ist bewundernswert und ich frage mich, wann Paraguay wohl einmal soweit sein wird, auch nur fünf Jahre im Voraus zu planen.

12. Internet: Eines Morgens (kalt wie immer), nahm ich ein Dokument mit auf unsere Sightseeingtour, das ich per Brief abschicken wollte. Bei der Post angekommen sagte ich „ich will einen Umschlag kaufen". Meine Gastgeberin schaute mich stirnrunzelnd an und frage mich, warum ich denn nicht vor dem Verlassen des Hauses etwas gesagt hätte, sie habe doch zahlreiche Umschläge. Aber ja, fügte sie hinzu, können wir natürlich kaufen, aber nicht einzeln, immer nur in Päckchen zu 50 oder 100 Stück – und was ich denn dann mit den restlichen machen würde… Aber meine Posterfahrung hörte damit nicht auf. Als ich mir aus Paraguay ganz dringend ein Dokument per Kurier schicken lassen wollte und es selbst hier in Deutschland bezahlen wollte (keiner meiner Bekannten hat so viel Geld – rund 100 Euro – bar

sofort verfügbar, dass er das Geld hätte für mich auslegen können) bat ich meine Gastgeberin, bei der Firma anzurufen und nachzufragen, ob und wie dies möglich sei. Meine Gastgeberin erwiderte „wozu anrufen, das gucken wir im Internet nach" – aber natürlich tat sie mir den Gefallen und fragte die Postangestellte. Diese griff sofort zu einem Stück Papier und sagte, darauf stünde die Internetadresse, wo man nachschauen solle... Dies ist undenkbar in Paraguay – zu ungenau und alt sind die Informationen, die auf den Websites der Firmen stehen, wenn diese überhaupt nützliche Informationen auf der Website stehen haben! In Deutschland aber scheinen die Informationen verlässlich zu sein.

13. Aber das ist nicht das größte! Was haben wir an großartigen Dingen, Gebäuden usw. in Berlin nicht alles gesehen. Riesige Elektronikgeschäfte – 6 Stockwerke hoch voll mit Haushaltselektronik, ein ganze Stadt, so kam es uns vor, mit Möbeln (Ikea in Berlin), eine riesige Bibliothek (es handelte sich um eine Stadtteilbibliothek). Und oft hörten wir: „Ja, aber dies ist noch nicht einmal der größte Elektroladen" oder „es gibt noch viel größere Bibliotheken". In Paraguay umfasst selbst die Bibliothek der größten Universität nur

20.000 Bände. Für mich war die Bibliothek schon wie ein Traum! Kein Wunder, dass die Deutschen so viel mehr lesen als Paraguayer!

Karikatur von Jorge Pavon

14. Essenszeiten: Mal abgesehen von den enormen Mengen, die die Deutschen zum Frühstück essen (in Paraguay essen wir ein süßes Teilchen zum Matetee morgens), essen sie zu Abend zu einer Uhrzeit, zu der wir Kaffeepause machen…

15. Currywurst mit Senf, bitte: Currywurst ist ein ganz exquisites in Berlin erfundenes Würstchen, übergossen von einer Ketchup-Currysoße. Das wusste ich jedoch nicht und bestellte also Senf

dazu- Muss ein Horror für meine Begleitung gewesen sein, ich fand es aber sehr lustig.
16. Mit dem Auto über das Wasser fahren: an unserem zweiten Montag in Berlin hatten wir eine Einladung einer Sozialarbeiterin, mit in die Schule zu fahren, an der sie arbeitet – auf der Insel Scharfenberg. Wir fuhren also in ihrem Auto, bis wir zum Ufer eines Flusses kamen, wo das Auto in einer Schlange zum Halt kam. Ich hatte schon die Hand an der Tür, um auszusteigen, als mir auffiel, dass mein Mann sich weiter mit unserer heutigen Begleitung unterhielt, ohne überhaupt Anstalten zu machen, auszusteigen. Also wartete ich ab. Schließlich stellte sich heraus, dass die Schlange dazu diente, auf eine Fähre zu kommen – und zwar mit dem Auto! Eine Art Fähre, die bis zu vier Autos transportieren kann! Wow – was für eine tolle neue Erfahrung! Das hatte ich noch nicht einmal im Fernsehen gesehen!

Ich weiß ganz genau, dass ich unbedingt wieder einmal nach Berlin fahren möchte! Und: ich möchte, dass meine Töchter nicht so alt werden müssen, bis sie solch wichtige Lebenserfahrungen machen können!

Übersetzung: Kerstin Teicher

	Ein „Hoch-ge-schwin-digkeits--zug"
	Im Berliner Haupt-bahnhof
	Bei Ikea

	Er existiert tatsächlich – Schnee!
	Die Deutschen denken wirklich schon an 2064!
	Am Brandenburger Tor

Geliebte Vorurteile

Derlis Portillo

Alles fing damit an, dass ich dachte, dass ich die deutsche Geschichte und die Deutschen kennen würde. Es war zwar nur Stoff aus Geschichtsbüchern und Erzählungen meiner Frau, die oft beruflich mit Deutschen zu tun hat, sowie eigene Erfahrungen von Deutschstämmigen in Paraguay. Was ich also wusste, war, dass Deutschland ein Land mit einer sehr gut ausgebildeten und disziplinierten Bevölkerung ist, fähig zu großartigen Konstruktionen. Allerdings handelte es sich meiner Meinung nach um gefühlskalte und wenig liebenswerte Menschen – Genies, die BMW und Mercedes Benz herstellen können, über Weltfirmen wie Bayer verfügen, ein Land voller Geschichte mit Licht- und auch vielen Schattenseiten und stets präsent im weltpolitischen Geschehen. Ein Land mit einer starken Wirtschaft innerhalb der europäischen Union, mit einer

Bevölkerung, die viel in der Welt umherreist und die keine Schwierigkeiten kennt.

Ich wusste, dass uns unser Flug von Paraguay über den großen Ozean in ein Land mit kaltem Klima und so völlig anders als dem unseren bringen würde – kulturell, mit sehr hochentwickelten Sitten und Gebräuchen, eine zivilisierte Welt also. Wie groß war daher meine Überraschung, als wir in Frankfurt landeten und ich endlich auf eine Toilette gehen konnte, auf der es nicht so turbulent wie im Flugzeug zugehen würde: es gab nämlich keinen Mülleimer auf der Toilette. „Verflixt, benutzen diese Deutschen keinen Mülleimer auf der Toilette oder hat den jemand gestohlen? Oder vielleicht hat die Putzfrau ihn mit herausgenommen zum Saubermachen und vergessen wiederzubringen" murmelte ich also vor mich hin, das Toilettenpapier in der Hand. Mir blieb also nichts anderes übrig, als das Papier in das WC zu werfen – ein Sakrileg für jeden Paraguayer! Zeugt es doch von schlechter Erziehung, wenn jemand Papier in die Toilette wirft. Vor lauter schlechtem Gewissen konnte ich kaum atmen, und verließ die Toilette. Und wer war vor der Tür? Die Putzfrau! Ich begann zu schwitzen – vermutlich würde ich nun mit meinen 37 Jahren eine Standpauke ertragen, dass man kein Papier in die Toilette werfen darf. Um das zu verhindern, ging ich nochmals auf das Örtchen und vergewisserte mich, dass es keine Überschwemmung durch meine Freveltat gegeben hat. Aber es war alles in Ordnung! Durchgeschwitzt war ich dennoch.

Karikatur von Jorge Pavon

In Berlin wurden wir dann von unserer Gastgeberin, die sich als großartige Freundin herausstellte, abgeholt und in die Sitten und Gebräuche der ersten Welt eingeführt. Hierzu gehörte unter anderem, dass die Deutschen ihre Schuhe am Haus- oder Wohnungseingang stehen lassen und dann entweder vom Hausherrn Pantoffeln geliehen bekommen oder auf Strümpfen durch die Zimmer laufen. Was für ein

Glück, dass Sonia und ich Socken ohne Löcher eingepackt hatten... Und ich dachte, diese Sitte gäb es nur in asiatischen Ländern wie Japan zum Beispiel.

Als zweites erfuhren wir dann die Lösung meines Frankfurter Problems. Unsere Gastgeberin, die Paraguay sehr gut kennt, erklärte uns zunächst das Bad – und auch, dass es für Deutsche total eklig ist, benutztes Toilettenpapier in den Mülleimer im Bad zu werfen. Die Rohre in Deutschland seien dick genug und das Papier sei genau dafür da, dass man es runterspüle!

Und die gefühlskalten Deutschen? Während unseres Aufenthaltes habe ich total umlernen müssen. Wir haben so viele nette und herzliche Deutsche kennengelernt, die uns ihre Zeit, ihre Freundlichkeit und vieles mehr schenkten. Sie führten uns wie Touristenführer durch ihre Stadt, gleichzeitig aber immer mit einer sehr persönlichen und freundschaftlichen Note. Das war es also mit meinem Vorurteil... ja, die Deutschen und speziell die Berliner wirken nach außen etwas grummelig und sind sehr direkt. Wir haben aber schnell verstanden, dass sie in ihren Herzen sehr sehr warmherzig sind, und wir hätten die Zeit in Berlin niemals schöner als in Gesellschaft dieser netten Menschen verbringen können.

Aber weiter mit meinen Erlebnissen: Wenn ich je gedacht hatte, das amerikanische oder brasilianische Frühstück sei reichhaltig und nahrhaft – dann nur, weil ich das deutsche Frühstück noch nicht kannte! Unsere Hoffnung auf Diät während des Urlaubs schwand schon am ersten Tag! Jeden Tag frühstückten wir so ausgiebig und vielfältig, dass wir kein Mittagessen brauchten, sondern ganz problemlos bis zum Abendessen aushalten konnten, das die Deutschen aber seltsamerweise so früh essen, dass es für uns Paraguayer eigentlich erst Kaffeezeit ist.

Und die Deutschen laufen so viel! In Paraguay nehmen die Menschen, die ein Auto haben, schon für die Entfernung eines Häuserblocks das Auto, aber dort wird so viel gelaufen! Und dann die Vielfalt des öffentlichen Nahverkehrs – es gibt echt alles – U-Bahn, Bahn, Busse, Straßenbahnen, unglaublich!

Aber weiter mit meinen Vorurteilen – endlich eines, das sich bestätigte! Die Deutschen planen viel. Eigentlich planen sie alles! Sie scheinen nicht auf die Straße gehen zu können ohne einen Plan! Die Minuten zählen wie ein Schatz, so wertvoll sind sie. Die Redewendung „Zeit ist Geld" bekommt hier eine spezielle Relevanz! Es gibt kaum etwas, was einen Deutschen mehr irritiert als Unpünktlichkeit oder „Zeit zu verlieren". Ich glaube, wir haben in dieser Hinsicht unsere Gastgeberin wirklich sehr leiden lassen! Sie kam uns manchmal vor wie das Kaninchen von „Alice im Wunderland" und zeigte uns ständig ihre Uhr oder schüttelte den Kopf ob unserer Missachtung vor Zeit!

Außerdem lernten wir die Wichtigkeit von Recycling und Plastiktüten kennen – und die des Mülltrennens! In Deutschland wirft man den Müll nicht einfach unsortiert in Supermarkttüten weg wie wir das in Paraguay tun. Nein, Tüten im Supermarkt kosten Geld und werden nicht einfach weggeworfen, sondern sogar mehrfach verwendet! Meist nehmen die Deutschen daher ihre eigenen Tüten mit und packen sogar die gekaufte Ware selbst ein! Tüteneinpacker wie in Paraguay gibt es in Deutschland nicht. Es trägt einem auch niemand die Tüten bis zum Parkplatz. Manchmal können die Deutschen also auch unpraktisch sein! Andererseits gibt es in den deutschen Geschäften auch kein Verbot, seine eigene Tasche oder Rucksack mit hineinzunehmen. Niemand behandelt hier die Kunden wie potentielle Diebe! Und wenn man etwas kauft und möchte es doch nicht oder braucht es nicht, kann man es zurückgeben und man bekommt das Geld zurück – ohne Gebühren zahlen zu müssen und ohne Nachfragen bzw. missbilligendes Gesicht der Verkäufer. Und Rabatte bzw. Sonderangebote in den Geschäften in Deutschland sind tatsächlich das, was sie vorgeben zu sein – Sonderangebote! Hier versucht niemand, die Kunden, die das nicht nachrechnen, übers Ohr zu hauen!

Insgesamt ist mir bei allem aufgefallen, dass die Deutschen niemals Sachen „einfach nur so" machen. Perfektion hat Priorität, Exzellenz steht über allem!

Was mir in besonderer Erinnerung bleibt, ist die völlige Abwesenheit von Angst, und das, obwohl es kaum Polizei auf den Straßen gibt! Das war eine so bereichernde Erfahrung, da habe ich etwas gebraucht, um mich an dieses neue Gefühl zu gewöhnen.

Bei all diesen seltsamen und fremden Erfahrungen die ich gemacht habe in Deutschland – zum Beispiel Kaffee oder Saft ohne Zucker zu trinken, verschiedene Lebensmittel miteinander zu neuen Gerichten zu kombinieren, Wasser mit Kohlensäure, Toilettenpapier nicht in den Mülleimer, sondern in das WC zu werfen... - vielleicht sind nicht die Deutschen seltsam, sondern ich?

Interessanterweise hat mich der Aufenthalt in der Fremde auch gelehrt, noch besser mit meiner geliebten Frau umzugehen, wie ich sie besser unterstützen kann und an unserer Beziehung arbeiten kann.

Auch nach der Reise sitze ich noch oft mit Sonia zusammen und wir unterhalten uns über eine unglaubliche Erfahrung, die Sonia und mich einfach überwältigt hat. Uns ist aufgefallen, dass so vieles machbar ist auf der Welt, wenn man sich nur Mühe gibt, etwas vorbereitet und daran arbeitet.

Wie viele Sachen könnten wir in unserem Land schaffen – es fehlt nur der Wille dazu. Reich genug ist Paraguay! Und wir wollen mit gutem Beispiel vorangehen!

Übersetzung: Kerstin Teicher

Humor und Aphorismen

Zusammengestellt von Kerstin Teicher

Weltumfrage der UNO

Die UNO hat gerade die größte weltweite Umfrage ihrer Geschichte durchgeführt. Die einzige lautete: „Bitte nennen Sie ganz ehrlich Ihre Meinung über die Lebensmittelknappheit im Rest der Welt!"

Die Antworten hätten nicht entmutigender sein können – die Umfrage war ein totaler Reinfall, denn:

- Die Europäer hatten die Bedeutung des Wortes „Knappheit" nicht verstanden,
- die Afrikaner begriffen im Allgemeinen nicht, was „Lebensmittel" bedeutet,
- die Argentinier kannten das Wort „Bitte" nicht,
- die Amerikaner mussten nachfragen, was denn „der Rest der Welt" sei,
- die Kubaner wunderten sich über das Wort „Meinung" und …

- ... in Paraguay diskutierte man, was denn wohl „ehrlich" bedeuten würde!

Günstig nach Paraguay telefonieren

In der Hölle trafen sich einst González Macchi*, Bill Clinton und die britische Königin.

Clinton erzählt der Monarchin, dass es ein Telefon in der Hölle gebe und dass er den Teufel fragen werde, ob er es benutzen dürfe. Gesagt – getan: Clinton telefoniert mit den Vereinigten Staaten, um zu erfahren, wie es seinem Land nach seiner Abreise ergangen sei. Nachdem er nach nur zwei Minuten auflegt, berechnet der Teufel ihm 3 Millionen US-Dollar für das Gespräch. Clinton stellt ihm einen Scheck über die Summe aus.

Als die britische Königin davon erfährt, ruft auch sie zu Hause an und redet fünf Minuten lang mit Großbritannien. Der Teufel legt ihr eine Rechnung von 10 Millionen US Dollar vor.

Nun verspürt auch González Macchi Lust, in Paraguay anzurufen, um nachzuhören, wie es seinem Land geht. Er telefoniert drei Stunden lang. Als er auflegt, sagt ihm der Teufel, dass das Gespräch nur ein paar Cent koste. Macchi ist sprachlos, zumal er ja gesehen hatte, was die Gespräche seiner beiden Kollegen gekostet hatten, und fragt den Teufel, warum es denn so billig sei, nach Paraguay anzurufen.

Karikatur von Jorge Pavon

Der Teufel antwortet ihm: Von Hölle zu Hölle ist ein Ortsgespräch!

* Paraguayischer Staatspräsident von 1999-2003; 2006 von einem paraguayischen Gericht wegen Veruntreuung verurteilt.

Jahreszeiten in Paraguay

Auch in Paraguay gibt es Jahreszeiten: Es ist 9 Monate lang heiß – und dann kommt der Sommer!

Wenn Paraguay ein Meer hätte

... dann würden wir dies vermutlich noch mehr verschmutzen als den Ypacaraí-See.

Aber natürlich, es wäre wieder niemandes Schuld, nie ist es unsere Schuld – der Triple-Allianz-Krieg, die Armut, die bösen Beamten und Regierenden (natürlich haben die auch Schuld, aber nicht allein)...

Karikatur von Jorge Pavon

Wenn diese Frau ihren Abfall auf die Straße wirft und wir wegschauen – dann sind wir die eigentlichen Schuldigen, dass unser Land so schmutzig ist.

Mauro Benítez (24.6.2014 in der Zeitung ABC Color)

Korruption

Während einer Gerichtsverhandlung über korrupte Polizei befragt der Staatsanwalt einen Zeugen.

„Ist es nicht wahr, dass Sie eine hohe Geldsumme erhalten haben, um die Ermittlungen zu behindern?"

Der Zeuge schweigt mit gedankenverlorener Miene.

Der Staatsanwalt glaubt, dass seine Frage nicht gehört wurde und wiederholt: „Ist es nicht wahr, dass Sie eine hohe Geldsumme erhalten haben, um die Ermittlungen zu behindern?"

Der Zeuge schweigt weiter mit unveränderter Miene.

Schließlich wendet sich der Richter an den Zeugen: „Bitte beantworten Sie die Frage!"

Dieser erwidert: „Oh, Entschuldigung, ich dachte der Staatsanwalt hätte Sie gemeint, Herr Richter!"

Indianerwitz

Ein paraguayischer Cacique (Indianerhäuptling) kauft in einem Laden eine Klimaanlage. Der Verkäufer fragt ihn: Sollen wir Sie bei Ihnen installieren, Häuptling?

„Nein, das mache ich selbst", erwidert Cacique.

Nach einer Woche will der Verkäufer sich vergewissern, dass mit der Klimaanlage alles in Ordnung ist. Als er bei dem Indianer ankommt, sieht er, wie der

Häuptling die Anlage eingebaut hat und fängt an zu lachen. „Oh, Du dummer Indianer! Du hast sie verkehrt herum eingebaut!

Da erwidert Cacique: Du bist der Blödmann! Ich schlafe doch draußen!

Witze über Deutsche und die deutsche Sprache

Paraguayer machen gern auch Witze über Deutsche bzw. die deutsche Sprache, die sich für sie nach vielen Gutturallauten anhört und für die die vielen langen Wortgebilde immer wieder Anlass zu Staunen bietet. Dabei wissen sie durchaus, dass Verben im Deutschen auf –en enden. In diesem Sinne:

Wie heißt Autobus auf Deutsch?

...*subenpagenestrugenbagen!*

* Alle „g" werden wie „ch" ausgesprochen). Das Wortungetüm setzt sich aus den Verben *subir* (einsteigen), *pagen* (bezahlen), *estrujar* (quetschen, drücken) und *bajar* (aussteigen).

Was heißt Regen auf Deutsch?

... *gohtaskaen**

* Zusammensetzung aus *gotas* (Tropfen) und *caer* (hinunterfallen)

Paraguay mal im Ernst und im Zahlenvergleich

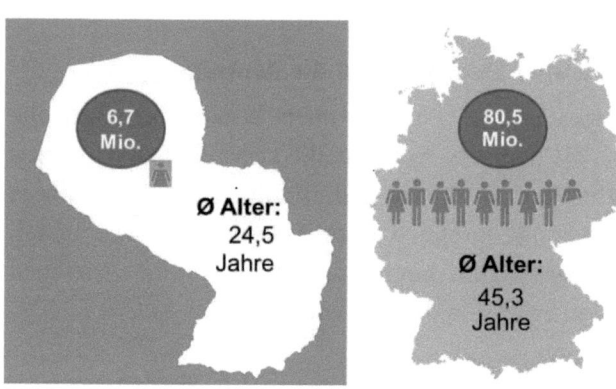

Korruptionsindex nach Transparency Int.

Paraguay: Rang 150   Deutschland: Rang 12

Verkehrstote pro 100.000 Einwohner

15   4,4

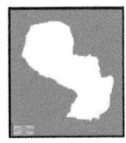 

Bildungsausgaben pro Einwohner

185 USD   2.200 USD

Patentanmeldungen jährlich absolut
(in Klammern: pro 100.000 Einwohner)
18 (0,02)   46.000 (3,7)

Internetnutzer 2013 (in %der Bevölkerung)
23,6   76,5

Buchneuerscheinungen pro Jahr

865   76.160

Quellen: Eigene Darstellung; Daten aus Teicher – Erfolg ohne Industrie; 2014, Pineda, Oscar (2014): Paraguay Almanaque 2014.

Wörterbuch Paraguayisch-Deutsch

Zusammenstellt von Derlis Portillo, Irene Reinhold, Sonia Riquelme, Kerstin Teicher und Stefan Undorf

Das paraguayische Spanisch- meist Castellano genannt - unterscheidet sich sowohl vom europäischen Spanisch als auch von anderen lateinamerikanischen Varianten des Spanischen vor allem auch dadurch, dass eine Reihe von grammatikalischen Besonderheiten und teilweise auch Wörtern aus der zweiten Amtssprache des Landes, dem Guaraní, Eingang in die Alltagssprache gefunden haben.

Im Guaraní sind auch Zeiten, Entfernungen usw. weniger stark ausgeprägt, was sich an den Einträgen sehr gut nachvollziehen lässt. Zahlen existieren im Guaraní beispielsweise nur bis zur „vier" – vielleicht erklärt dies, warum paraguayische „Fünf Minuten" irgendwas zwischen einer halben Stunde und gar nicht bedeuten können.

Paraguayisch	Deutsch
A tres cuadras	Wörtlich: drei Straßen weiter Tatsächlich handelt es sich um eine ungefähre Entfernungsangabe, etwa „zwischen 3 Blocks und Bolivien"
Acá cerquita	Wörtlich: hier ganz in der Nähe Sehr gebräuchlich, wenn jemand nach dem Weg fragt. Gemeint ist jedoch fast immer: mindestens noch 1 km!
Allí, acá	Wörtlich: dort Gemeint ist: rechts, links, oben, unten oder geradeaus
Carne	Wörtlich: Fleisch Gemeint ist in Paraguay jedoch immer Rindfleisch. Huhn und Schwein werden als solches bezeichnet (*pollo* bzw. *cerdo*) oder teilweise auch nur als vegetarische Beilage gesehen
Cena	Wörtlich: Abendessen. Hierauf sollte man als Deutscher jedoch nicht warten – gerade bei Feiern ist vor 23 oder 24h nicht

Paraguayisch	Deutsch
	mit einem Abendessen zu rechnen. Im Familienkreis kann es jedoch auch schon einmal um 22 Uhr losgehen.
Desayuno	Wörtlich: Frühstück. Satt wird man als Deutscher davon jedoch nicht. Paraguayer frühstücken zumeist nur – je nach Jahreszeit – etwas Terere oder Mate/Cocido mit einem süßen Teilchen. Umgekehrt ist das deutsche Abendbrot zwischen 18 und 19h zeitlich für Paraguayer eher eine Kaffeepause…
Descuento, auch: Oferta	Wörtlich: Rabatt, Sonderangebot Gemeint ist in Supermarkt meist, dass die angebotenen Waren mitnichten günstiger als normal sind, oft sind sie sogar teurer – dies gilt insbesondere bei Mehrfachgebinden. Man verlässt sich darauf, dass der Kunde nicht nachrechnet.
Esperame ya llego	Wörtlich: Warte auf mich, ich komme jetzt

Paraguayisch	Deutsch
	Gemeint ist: ich ziehe mich schnell an und gehe dann sofort (*volando*) los
Estoy por llegar / Estoy llegando	Wörtlich: ich komme gerade an. Sehr gern von Handwerkern oder Hausmädchen gebraucht, wenn man sie als Kunde anruft, um zu fragen, warum sie denn nicht pünktlich seien. Gemeint ist jedoch eigentlich „Ich bin gerade losgefahren"
Gracias, ya almorcé	Wörtlich: Danke, aber ich habe schon gegessen Gemeint ist: eigentlich hat man großen Hunger, aber es ist zu peinlich, das Essen anzunehmen
Llego en 5 minutos:	Wörtlich: Ich komme in 5 Minuten an Gemeint ist: ich bin noch unter der Dusche (noch nicht einmal losgegangen)
Ma' ẽra	Wörtlich (Guaraní): Ding, Typ, Person, die, jenes, das Kann alles Mögliche (Dinge, Menschen) sein - alle physischen

Paraguayisch	Deutsch
	Dinge oder Personen auf der Welt, an deren Namen man sich aber in dem Moment nicht erinnern kann („Dingsda")
Mañana	Wörtlich: morgen Gemeint ist in den meisten Fällen aber „irgendwann, eventuell auch gar nicht"
Me voy al coreano*	Wörtlich: Ich gehe zum Koreaner Gemeint ist, dass jemand kurz in den Tante Emma-Laden um die Ecke (*despensa* in Paraguay) geht, um eine Kleinigkeit einzukaufen
No hay problema	Wörtlich: Kein Problem! Wenn Sie diesen Satz speziell von einem Handwerker hören, wissen Sie ganz genau, dass irgendetwas schief gehen wird.
No sabes lo que me paso!	Wörtlich: Du weißt ja nicht, was mir grad passiert ist! Gemeint ist (meist in Fällen von Zuspätkommen verwendet): Ich muss Dich von meiner Entschuldigung/Ausrede überzeugen.

Paraguayisch	Deutsch
No te preocupes	Wörtlich: Machen Sie sich keine Sorgen.
	Auch hier – wenn Sie diesen Satz hören, sollten Sie aufmerken und sich ganz große Sorgen machen!
Prestarme	Wörtlich: leih mir
	Gemeint ist „schenk mir". In den seltensten Fällen beabsichtigt der Empfänger die Rückgabe der erhaltenen Gegenstände, seien es Geld, Bücher, Werkzeuge oder anderes.
Queso de comer	Wörtlich: Käse zum Essen
	Gemeint ist schnittfester Käse, Käse in Scheiben u.ä., der als Brotbelag verwendet werden kann. Der ursprüngliche „Queso Paraguay oder kesu paraguai" (Paraguayischer Käse) ist aufgrund seiner eher cremigen und bröckeligen Konsistenz eher eine Koch- und Backzutat.
Se rompió Auch: Se caió	Wörtlich: Es ist zerbrochen, es ist heruntergefallen.
	Wie praktisch, dass zerbrechen

Paraguayisch	Deutsch
	und herunterfallen im Spanischen auch reflexiv verwendet werden. So erspart sich der Paraguayer, Verantwortung zu übernehmen. Wenn er nämlich sagt „se rompió" (es ist zerbrochen), meint er eigentlich „ich habe es kaputt gemacht".
Servime un poquito	Wörtlich: (Im Restaurant bzw. bei Tisch): Geben Sie mir ein klein wenig Gemeint ist: Ich möchte mindestens 2 Teller voll
Si	Wörtlich: „Ja". Gemeint kann sein: ja, nein, vielleicht
Tal vez	Wörtlich: eventuell Gemeint ist meist „Nein" gemeint
Te voy a llamar	Wörtlich: Ich werde Sie anrufen. Oft gebraucht speziell in Reklamationsstellen von Telekommunikationsunternehmen, wenn man Probleme mit der Abrechnung, dem Service oder ähnliches hat. Bedeutet so viel wie: Ich tue jetzt

Paraguayisch	Deutsch
	zwar so, als nähme ich Ihre Beschwerde auf, aber lösen werden wir Ihr Problem nicht und anrufen schon gar nicht.
Tenes Coca?	Wörtlich: Haben Sie Coca Cola? Gemeint ist, ob es Softdrinks gibt bzw. welche. Der Ober wird in diesem Fall meist antworten: Si, que gusto querés? Ja klar, welchen Geschmack (Fanta, Sprite, Niko…) wollen Sie denn?

Anmerkungen:

* Koreaner sind eine große Einwanderergruppe in Paraguay. Anders als beispielsweise Japaner oder Mennoniten, die schon vor dem 2. Weltkrieg in höherer Zahl einwanderten und oft als Gegenleistung zum landwirtschaftlichen Aufbau Paraguays vom Staat günstig Grundstücke zur Bewirtschaftung erhalten hatten, kamen Koreaner erst in den 1960/1970er Jahren (siehe auch: Teicher – Erfolg ohne Industrie; 2014) ins Land und engagierten sich häufig im Einzelhandel. Daher stammt diese Redewendung.

Über die Autoren

Rafaela Aguilera: aufgewachsen im beschaulich-schwäbischen Ravensburg, lebte und arbeitete sie nach ihrem Studium mehr als zwei Jahre in Paraguay. Parallel veröffentlichte sie immer wieder Berichte über dieses südamerikanische Land im Internet. Rafaela über Rafaela: „Ich war schon immer ein Fan von Karla Kolumna. Mit meiner Kamera in der Tasche laufe ich durch das paraguayische Chaos. Immer auf der Suche nach einer Story oder einer Gelegenheit über dieses in den Medien kaum präsente Land zu schreiben.". In Paraguay heiratete sie auch ihren Ehemann, mit dem sie heute in Kempten lebt. Wer die beiden kennt, weiß, dass sie viel paraguayischer als ihr Mann Arnaldo ist.

Steffen Karl: Der gebürtige Meißener lebt seit über 10 Jahren in Paraguay und betreibt mit seiner Lebensgefährtin ein Hotel-Restaurant in Villarrica. Schon dadurch erhalten sie tiefste Einblicke in die paraguayische Seele; zusätzlich aber fahren sie regelmäßig in die nähere Umgebung und dokumentieren ihre Wahlheimat mit der Kamera und in einem Blog. Ihre Fotos wurden bereits mehrfach in Büchern über Paraguay veröffentlicht.

Beate Pesch: Die habilitierte Wissenschaftlerin arbeitet in Bochum am Institut für Prävention und Arbeitsmedizin der Deutschen Gesetzlichen Unfallversicherung. Sie ist seit 1998 regelmäßig in Paraguay und unterstützt mit ihren Kollegen die Umweltschutzorganisation ProCosara (San Rafael). Durch ihre Paraguayaufenthalte hat sie im Laufe der Jahre zahlreiche Erlebnisse mit Paraguayern mitbekommen. Mit Kollegen aus Paraguay hat sie 2014 auf dem XX. Weltkongress „Safety and Health at Work" die Landwirtschaft und Krebsversorgung in Paraguay vorgestellt. Zu Zeit planen sie eine internationale Krebskonferenz in Asunción im Oktober 2016.

Derlis Portillo: Jahrgang 1977, lebte bis zu seinem 9. Lebensjahr auf dem Land in der Rinderstadt San Juan Bautista Misiones, rund 200 km entfernt von Asunción. Seit Abschluss seines Jurastudiums an der Nationalen Universität von Asunción arbeitet er als selbständig in Paraguay und versucht sich gemeinsam mit seiner Frau Sonia im täglichen Abenteuer als Rechtsanwalt in Paraguay. Sagt von sich und seiner Frau Sonia „Die Deutschlandreise war die großartigste Erfahrung unseres Lebens."

Irene Reinhold: Hispanistin und Übersetzerin für Spanisch; hat viele Jahre in Lateinamerika studiert, gelebt und gearbeitet und ist dabei regelmäßig in lustige oder absurde Situationen geraten. Sie arbeitet als Lektorin, Übersetzerin und Beraterin für Lateinamerika und versucht, ihren lateinamerikanischen Freunden Deutschland zu erklären.

Sonia Riquelme: geboren in Capiata (Paraguay) in sehr ländlicher Umgebung, begann sie schon mit 16 Jahren zu arbeiten, zunächst für eine paraguayische Versicherung mit deutschstämmigen Eigentümern, dann für ein großes Telekommunikationsunternehmen in Asunción. Neben der Arbeit studierte die Hobby-Bauchtänzerin und Mutter zweier Töchter (Milena y Getsemani) aus eigener Kraft Jura. Sie arbeitet heute selbständig als Rechtsanwältin und ist Eigentümerin einer kleinen Firma für Eventorganisation.

Georg Rudolf: Der pensionierte Betriebswirt hat schon viele Länder auf der Welt gesehen. In Japan fand er ohne Sprachkenntnisse neue Freunde, auf Hawaii erklomm er furchtlos den Vulkan und in Australien reiste er mit seiner Pfadfindergruppe ins Landesinnere. Paraguay aber versetzte ihn immer wieder in kopfschüttelndes Staunen.

Hermann Schmitz: Langjähriger Paraguaykenner und Präsident des Kempener Vereins „Pro Paraguay-Initiative", eine 1992 gegründete entwicklungspolitische Vereinigung, die u.a. auch vom Bundesministerium für wirtschaftliche Zusammenarbeit und Entwicklung (BMZ) finanziell unterstützt wird und unterschiedliche Hilfsprojekte in Paraguay durchführt, wie bspw. das Ausbildungszentrum für ländliche Entwicklung (CCDA) oder die Kinderstation des Armenkrankenhauses Hospital Barrio Obrero. In diesem Rahmen gerät er immer wieder in skurrile Situationen.

Michael Schöke: Gebürtiger Münchner und immer noch in der Seele und in Gedanken Bayer geblieben. Seit 1992 regelmäßig zwischen Deutschland und Paraguay gependelt und schließlich ganz in Paraguay hängengeblieben. Als gelernter Elektriker und Fahrlehrer beobachtet er besonders gern die einheimische Mentalität, indem er mit allen Arten von Bussen durch das Land streift und seine Erlebnisse und Erfahrungen in diversen Medien veröffentlicht – u.a. als Redakteur beim Wochenblatt.

Kerstin Teicher: Die promovierte Betriebswirtin und Japanologin sammelte über 25 Jahre Erfahrungen im Bereich Wirtschaft und Wissenschaft, speziell in Asien, Europa und Lateinamerika, wobei für die geborene

Berlinerin letztere Region die kulturell erstaunlichste ist. Regelmäßig schreibt sie über diverse wirtschaftliche Themen, hält Vorträge und Schulungen, oft in vergleichender Perspektive. Sie lebt seit 2007 in Paraguay und berät internationale Firmen.

Stefan Undorf ist Informatiker und beschäftigt sich mit neuen Technologien innerhalb der Software-Entwicklung. Er lebt halb im Internet und halb in Paraguay, wo er nach einem Sprachstudium hängenblieb. Das Leben mit einer paraguayischen Ehefrau ist tägliche Basis für Anekdoten, die aber leider hier nicht verraten werden dürfen, da das Buch ja übersetzt werden könnte. Um die deutsche Sprache nicht zu verlernen, gibt er die Online-Zeitung "Das Wochenblatt" heraus und lehrt Sprachen an einem privaten Institut sowie einer Universität in Asunción.

Benedikt Vallendar: hat bis 1996 in Bonn und an der FU Berlin Geschichte und Romanistik auf Lehramt studiert und anschließend dort promoviert. Lateinamerika, und besonders Paraguay, kennt der gebürtige Rheinländer vor allem als Journalist für kirchliche Medien und Hilfsorganisationen.

Karikaturen:

Jorge Pavon (vollständiger Name Jorge Cesar Pavon Aguiar), Künstlername Jorgus: Jahrgang 1955, studierte Kunst (Zeichnen, Illustration, Story Board) an den Hochschulen UPAP (Universidad Politécnica y Artística), EDA und der Kunsthochschule der nationalen Universität UNA sowie Fernsehproduktion an der IPAC (Instituto Profesional de Artes y Ciencias de la Comunicación). Mehr als 20 Jahre Erfahrung als Zeichner, Karikaturist, Video- und Eventkünstler. Arbeitet heute als frei schaffender Karikaturist und Zeichner in Asunción, Paraguay.

Jorgus bei der Arbeit auf der Costanera in Asunción.

Weitere Bücher über Paraguay

„Das Chaco Familienkochbuch"
Das Chaco Familienkochbuch ist genau das, was der Titel sagt. Über 100 Rezepte, die man in unseren Küchen im paraguayischen Chaco problemlos mit und für die Familie kochen und backen kann.

Da gibt es viele traditionelle Rezepte der Mennoniten, die zum Teil noch aus Russland stammen. Daneben gibt es viele Rezepte, die sich auch aus der amerikanischen und deutschen Küche zu uns gefunden haben. Zumeist wurden diese wegen des anderen Klimas und anderer Lebensmittel in Paraguay etwas abgewandelt. Und nicht zuletzt gibt es natürlich landestypische paraguayische Gerichte, die wir Mennoniten mit in unseren Speisenplan aufgenommen haben.

Kochen und Backen sind für uns ein Grundstein der Gastfreundschaft. Wer bei uns eingeladen wird, geht nicht hungrig nach Hause. Also laden wir euch ein, mit diesem Buch in unsere Küchen zu kommen. Guckt uns über die Schulter und habt keine Angst, etwas Neues auszuprobieren. Guten Appetit!

Autoren: Carola Esau und Brenda Sawatzky (2015)
ISBN: 978-3-7347-8261-9 - Preis: 8,90 €

Paraguay – Erfolg ohne Industrie?

Paraguay ist eines der wenigen international erfolgreichen Länder mit hohem landwirtschaftlichem Anteil. Das Land erhält Entwicklungshilfe, exportiert jedoch gleichzeitig auf Weltniveau bei fast fehlender eigener Industrie. Und dies trotz eines schlechten Bildungssystems und unvorstellbarer Korruption.

Das Buch informiert über die wichtigsten Bereiche und Merkmale: Aktuelle wirtschaftliche Entwicklungen, Infrastruktur, Arbeitsmarkt, Bildungssystem, Landwirtschaft, Industrie, Handel, Dienstleistungen, aber auch Problembereiche wie Korruption und Umweltverschmutzung.

Die Autorin beschränkt sich nicht auf das Herunterbeten von Daten, sondern setzt als langjährige Kennerin des Landes die Zahlen in Bezug zu den Tücken des Alltags. Beispiele aus der Praxis lockern die Betrachtungsweise auf und machen die abstrakten Tabellen und Graphen direkt „erlebbar". Somit schafft das Buch den Spagat zwischen hohem Niveau für Wirtschaftsexperten einerseits, und Verständlichkeit und Unterhaltung für allgemein interessierte Leser, die mehr erfahren möchten über ein erstaunliches Land.

Autor: Kerstin Teicher (2014)

ISBN: 978-3-7357-9400-0 - Preis: 19,90 €

Kochbuch Paraguay: Landestypische Rezepte und Hintergrundinformationen

100 traditionelle und moderne Rezepte aus Paraguay – Deftiges, Süßes, Getränke oder Partyfood: ein Streifzug durch die Küche dieses Landes mit Tipps zu Zutaten und Zubereitungsmethoden, nützlichen Hinweise zum paraguayischen Kochen in Deutschland mit Bezugsmöglichkeiten. Übersicht traditioneller Kräuter/Gewürze - Viele farbige Abbildungen Besonderheit des Buches: Beiträge von Spezialisten, u.a. über Guaraní von Wolf Lustig mit Rezeptbeispiel, vier mennonitische Rezepte von Brenda Sawatzky und Carola Esau oder ein sprachlicher Fettnäpfchenführer von Irene Reinhold.

Rezeptbeispiele: Sopa Paraguaya, Käsebrötchen (Chipa), Mbeju, Empanadas, Fisch-Eintopf, Panierte Aubergine, Bori Bori, Kichererbseneintopf mit Mangold, Poroto con Queso, Asado (Grillen auf Paraguayisch), Oster-/Weihnachtsrezepte, Partyfood, Maracuja-Mousse, gegrillte Ananas, Terere, Guavenmarmelade, Rouladen mit Rosinen und Ei, Panseneintopf, Taubenbraten, geflochtenes Rindfleisch. Lassen Sie sich überraschen, wie einfach Kochen sein kann! Holen Sie sich mit simplen Zutaten Südamerika in Ihr Haus!

Autor: Kerstin Teicher (2014)

ISBN: 978-3735795021 - Preis: 14,90 €